MA PREMIÈRE DÉGUSTATION

L'ÉCOLE
HACHETTE
DU VIN

MA PREMIÈRE DÉGUSTATION

Pierre Casamayor
Illustrations : bouqé

hachette
VINS

MA PREMIÈRE
DÉGUSTATION

SOMMAIRE

DÉCOUVRIR

La dégustation

Parce qu'elle stimule tous les sens – l'ouïe, la vue, l'odorat, le goût et le toucher –, la dégustation ouvre la voie à l'hédonisme. Mais déguster s'oppose à l'acte de boire : faite de mesure, la dégustation privilégie la qualité sur la quantité…

La dégustation

Déguster n'est pas boire

Déguster, à la différence de boire, est une affaire de plaisir. Ce plaisir est appelé par les sens, un plaisir de nature animale, qui relie une excitation physique à la satisfaction d'un besoin naturel, boire ou manger par exemple.
Privé de plaisir gustatif, l'homme en oublierait-il de se nourrir ?
Il y a longtemps que le vin a perdu son rôle de simple boisson et s'est écarté de sa vocation religieuse pour accéder au statut de produit gastronomique. Sans prétendre que le vin soit essentiel à la survie de l'humanité et bien qu'on lui attribue, à tort ou à raison, des vertus thérapeutiques, on peut souligner le fait qu'il apporte des plaisirs sensoriels et un caractère euphorisant qui aident ceux qui en usent à voir la vie sous des jours plus aimables. Ceux qui en abusent, en revanche, obtiennent le résultat inverse, en jouant leur santé et l'acuité de leurs sens. Un alcoolique est plus sensible à la satisfaction de son besoin qu'au plaisir qu'il en retire…

“ Plaisir d'identifier un arôme, plaisir de débusquer une saveur cachée parmi d'autres. ”

La dégustation

Déguster, c'est analyser

Ce plaisir pourrait rester strictement sensoriel si en tant qu'êtres humains, nous ne possédions cette faculté de mémoire et si nous ne recevions une éducation culturelle. La dégustation possède en prime **l'intérêt de l'analyse :** plaisir d'identifier un arôme, plaisir de débusquer une saveur cachée parmi d'autres, plaisir d'associer différents domaines sensoriels ou culturels, **plaisir de reconnaître** un style de vin, plaisir d'identifier un millésime, plaisir suprême qui fait passer de la sphère sensorielle à celle de l'esprit. Dès lors, il est possible de procéder à des **comparaisons** avec les références que l'on puise dans sa bibliothèque virtuelle, enrichie par son **passé** de dégustateur et ses multiples **expériences** sur les vins du monde. La dégustation est un voyage dans le temps et dans l'espace pour le prix de quelques gouttes de vin.

« Le plaisir de la dégustation est lié à l'analyse du vin : couleur, arômes, saveurs. »

Déguster, c'est parler

Le néophyte peut parfois se demander si le simple plaisir gustatif ne se suffit pas à lui-même et si l'effort de décrire ses sensations ne vient pas en ternir l'éclat. À quoi bon tous ces commentaires savants alors qu'il suffirait de dire que ce vin est bon, qu'il me plaît ou, au contraire, qu'il me rebute ?

Décrire

Déguster, c'est comme expliquer une poésie ou critiquer un tableau : certes, l'impression d'ensemble peut suffire dans un premier temps ; mais qui n'a pas découvert un monde insoupçonné lorsque, dans un musée, les commentaires d'un guide pédagogue ont éclairé un tableau pour aller au-delà des évidences ? Qui n'a pas été fasciné par l'explication d'une œuvre littéraire qui fait entrer le lecteur dans les arcanes de l'écriture ?

DÉCOUVRIR

La dégustation

Connaître

Le plaisir est décuplé par la connaissance. La dégustation commentée est le **prolongement culturel du vin,** à l'origine simple produit agricole. Un verre de vin raconte une histoire, traduit une technique, révèle les tâtonnements d'un homme ou son génie ; il rappelle le temps passé, évoque un paysage. Exprimer ses sensations est l'**aboutissement du plaisir** de la dégustation, le plaisir littéraire en quelque sorte, celui qui transforme chaque verre de vin en une fête sensuelle.

~ REPÈRES ~

Comment différencier deux vins ?

• La dégustation par paire
On compare deux échantillons présentés dans un ordre aléatoire. On détermine dans un premier temps si les échantillons sont identiques ou si une différence est perceptible. Dans un deuxième temps, on tente d'identifier cette différence.

• La dégustation triangulaire
On propose trois verres à la dégustation : deux contiennent le même échantillon, le troisième est différent. Les verres sont présentés dans un ordre aléatoire. Il s'agit de déterminer quel est celui qui présente une différence.

Comment reconnaître un vin de qualité ?

Quels sont les **facteurs de la qualité** ? Quelle est la différence entre un bon vin et un grand vin ? La question peut sembler superflue tant la qualité et le rang des domaines prestigieux semblent évidents, indiscutables. Pourtant, on sait que le vin n'est pas un produit de nature industrielle répondant à une seule technique d'élaboration mais qu'il dépend des **effets climatiques** tout au long du processus végétatif de la vigne jusqu'à la vendange.
À bien y réfléchir, le vin est le seul produit issu d'une technique agricole qui se prête à tous les discours, qui enflamme l'imagination, puisqu'il s'agit chaque fois d'un « individu ». Il a donné lieu à tant de classements qu'il en a perdu son caractère alimentaire pour acquérir le statut de **sujet culturel**. Qu'il soit issu de siècles de lents progrès, de l'accumulation patiente des traditions du

Vieux Continent ou de l'éclosion rapide des techniques modernes appliquées aux vignobles du Nouveau Monde, un vin de grande qualité, reconnu comme tel, procède-t-il d'une recette éprouvée, utilisable par n'importe quel œnologue en tout lieu de la planète ?
Les progrès de l'œnologie permettent d'élaborer de **bons vins sur tous les sols capables de porter la vigne**. Sans défaut, issu de cépages qui répondent au goût international, plutôt axé sur l'expression variétale, pimenté de quelques épices boisées, le bon vin commercial répond à une équation somme toute assez simple et qui peut se résoudre à l'aide d'une bonne technologie et avec l'appui d'une politique de marketing offensive.
C'est lorsque l'on veut exprimer une origine ou un terroir que la transposition devient difficile. Expliquer l'élégance, trouver **le mot qui traduira le goût particulier** d'un grand vin s'apprend avec un peu d'expérience.
De cet apprentissage naît une évidence : les grands vins n'existent que s'ils reflètent l'originalité de leur terre de naissance. Le droit du sol en quelque sorte, appliqué à la viticulture.

“La qualité du vin dépend du soin apporté au raisin.”

Qu'est-ce qu'un grand vin ?

Le raisin

La vraie personnalité d'un vin naît avant tout de la vigne. Le raisin doit être d'une qualité optimale. L'expression du terroir entre aussi dans la notion de qualité. Les méthodes de culture doivent être au service de l'environnement : labours, traitements raisonnés, rendements modestes.
Sélectionner le meilleur d'une récolte sur un domaine, assembler les diverses cuves pour que l'ensemble soit supérieur

à chaque vin pris séparément est sûrement le secret qui préside à l'élaboration d'une grande cuvée. Le propriétaire élimine parfois une partie importante de sa production, ce qui représente un sacrifice financier indéniable.

L'assemblage

Pour prétendre à une qualité optimale, il faut à tous les stades apporter les ferments de la complexité. Celle de la matière première provient de l'**assemblage des cépages** plantés sur des parcelles différentes et, quand il s'agit d'un vin **monocépage**, de la **variété des individus** présents sur le domaine. L'utilisation de la **levure indigène** est, elle aussi, source de caractères multiples. Même l'**élevage** peut apporter sa pierre à l'édifice, en mariant diverses origines de bois. L'**équilibre du vin**, ensuite, réside dans la finesse du fruit et la texture soyeuse des tanins. Une grande cuvée réussit toujours le miracle d'associer une matière concentrée avec l'élégance jusqu'à cette sensation gustative et tactile que l'on pourrait nommer le fondu. Enfin, la **longueur en bouche** fait l'ultime différence entre le monde des bons vins et celui des grands. Un grand vin est toujours un vin long. Le potentiel de garde détermine également la valeur d'une cuvée. Il n'y a pas de grand vin, blanc ou rouge, qui ne soit capable d'aligner une collection de millésimes de légende.

Un équilibre fragile

Ces multiples paramètres reposent sur un équilibre fragile qui peut parfois être rompu par des erreurs humaines. C'est ainsi que des vins pourtant issus de terroirs d'exception sombrent, en attendant qu'un vigneron talentueux ravive leur flamme.

La dégustation

Des vins de concours : des vins à boire ?

On ne compte plus les dégustations lors desquelles se goûtent à l'aveugle, tous pays ou appellations confondus, des vins de réelle qualité et des prétendants au titre parés d'atours tape-à-l'œil. Or, lorsque l'on sait que dans une série de dégustations, le plus grand goûteur est tenté de donner la prime à la concentration extrême, au fruité intense, à l'alcool élevé, aux tanins marqués, bref à l'excès sur l'équilibre, on comprend que les grands vins soient souvent battus dans ce genre de manifestations médiatiques ou promotionnelles. Tel vin l'a remporté sur Mouton, tel autre a surpassé Petrus, un troisième a fait oublier Yquem. Pourtant, remettez ces vins sur une table, avec les mêmes jurés qui ont rendu en toute bonne foi ce verdict révolutionnaire, et observez quels vins sont bus. Immanquablement, une gorgée suffit des nouveaux promus, tandis que les grands classiques sont avalés avec un naturel stupéfiant. N'est-ce pas là la vocation première du vin ?

~ REPÈRES ~

Comment classer une série de vins ?

L'objectif est d'établir une hiérarchie. Il est souhaitable de ne comparer que des vins comparables, au sein d'une même appellation, à la rigueur d'une région. Les dégustateurs ont ainsi en tête un schéma précis du profil idéal du vin.

“ La dégustation est un voyage dans le temps. ”

Les dégustations professionnelles

Les professionnels attribuent à chacune de leur dégustation une vocation spécifique, à laquelle répondent diverses méthodes d'évaluation – notations et statistiques notamment. L'amateur peut s'inspirer de cette démarche pour organiser ses propres séances. On distingue deux types de dégustation professionnelle :

• **La dégustation technique** évalue l'influence des modes de vinification et de l'élevage sur le goût du vin. Dans ce cas, l'analyse sensorielle peut ne s'intéresser qu'à quelques éléments ou demander une étude complète. Œnologues, maîtres de chais, vignerons réalisent des dégustations techniques tout au long de l'année. Une dégustation technique particulière préside à l'assemblage des cuvées : c'est la dégustation d'assemblage.

• **La dégustation de classement ou de concours** classe les vins selon leur qualité, à des fins de communication commerciale ou journalistique. De nombreux concours officiels, guides des vins et magazines spécialisés organisent de tels exercices. C'est également un excellent jeu de société.

DÉCOUVRIR

Ce que contient le vin

Le vin est composé de multiples éléments responsables de sa saveur. La dégustation consiste à les identifier par les sens, en partant de la description de la couleur, des arômes et de l'équilibre d'un vin. Bien que le produit de la vigne soit encore loin d'avoir révélé tous ses secrets, les méthodes modernes de l'analyse chimique et biochimique permettent de découvrir sans cesse de nouveaux composés dans le vin. On peut retenir huit caractères essentiels.

Ce que contient le vin

Les huit caractères essentiels qui composent le vin :

L'eau

Selon le titre alcoométrie, le vin est composé entre 80 et 90 % d'une eau d'origine végétale, c'est-à-dire provenant du fruit.

Les alcools

L'alcool éthylique, issu de la transformation des sucres par les levures, représente entre 8 et 20 % selon le type de produit. On peut trouver à très faibles doses de l'alcool méthylique qui provient des matières pectiques du raisin (c'est-à-dire des pépins). Le glycérol, tri-alcool en provenance des sucres, est plus ou moins présent. Les alcools sont responsables de la sensation de **chaleur** et participent, avec les sucres, au **moelleux**, au **gras** et à la **viscosité** (p. 51) du vin.

Les acides

Ils sont soit contenus dans le raisin (acide tartrique, malique, citrique ou gluconique), soit issus de la fermentation (acide lactique, succinique ou acétique). L'acidité totale varie de 2 à 7 g/l (exprimée en acide sulfurique). Certains acides possèdent un arôme spécifique. Ils sont surtout à l'origine de la saveur **acide** (p. 89), qui est l'un des goûts élémentaires, en augmentant et en fluidifiant la salive.

Ce que contient le vin

Les polyphénols ou composés phénoliques

Cette famille peut se diviser en deux grands groupes :

• Les **matières colorantes** : flavonoïdes qui colorent en jaune et anthocyanes (de 200 à 500 g/l) qui donnent la couleur rouge (p. 48).

• Les **tanins** (de 1 à 3 g/l) qui peuvent provenir des pellicules de raisins et des pépins ou de l'apport du bois de la barrique. Ils apportent une sensation tactile : l'astringence, perceptible au niveau des muqueuses. Ils coagulent la salive et peuvent induire une sensation de sécheresse en bouche. À trop forte dose, ils créent une sensation amère (p. 89-90). Au cours du vieillissement, ils se combinent aux anthocyanes (la couleur se stabilise) et se condensent (leur astringence diminue).

Les sucres

Le vin fini contient toujours une certaine quantité de sucres non fermentés, appelés **sucres restants** ou **sucres résiduels**. Présents dans tous les types de vins, ces sucres ne doivent pas dépasser 2 g/l dans un vin sec, mais peuvent atteindre 300 g/l dans un vin liquoreux. Ce sont les glucose, fructose, arabinose ou xylose. Ils participent à la notion de viscosité (p. 51) du vin, aux larmes, et donnent la saveur élémentaire sucrée (p. 89-90). Le gras et le moelleux du vin proviennent de la somme sucre-alcool-glycérol.

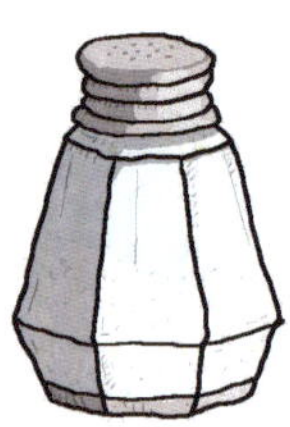

Les substances salées

Certains ions pourraient induire un goût salé si l'alcool et le sucre ne venaient les masquer. Potassium, sodium, chlorures, sulfates et tartrates sont décelables dans le vin.

Ce que contient le vin

Le gaz carbonique

Dissous dans le vin, il peut varier en quantité. On commence à le percevoir vers 500 ou 600 mg/l. Au dessus de 1 000 mg/l, il provoque une perle visible. Il participe à la fraîcheur du vin, l'acide carbonique venant accentuer la sensation acide. Il sert aussi de vecteur d'arômes (cf. *Vins effervescents* p. 152).

> *« La dégustation consiste à identifier les composants du vin par les sens, en partant de la description de la couleur, des arômes et de l'équilibre d'un vin. »*

Les substances aromatiques

Elles constituent la richesse et la complexité du vin. On relève des familles chimiques très différentes dont la volatilité les classe dans la catégorie aromatique. Alcools, aldéhydes, esters, acides gras, terpènes, même présents à doses infinitésimales, sont chacun responsables d'une odeur comparable à celle que l'on peut trouver dans la nature ; les mots utilisés pour les décrire sont dits analogiques. Par exemple, l'acétate d'isoamyle, que l'on rencontre dans les vins issus de macération carbonique, apporte la note de **bonbon anglais**, l'alcool phényléthylique celle de **rose**, la glycyrrhyzine celle de réglisse, l'aldéhyde cinnamique celle de **cannelle**. La liste est infinie. Ces substances sont responsables des arômes du vin que l'on distinguera par voie nasale ou rétronasale (p. 56). La combinaison et la juxtaposition de plusieurs de ces arômes influent sur la palette aromatique. Certains s'annihilent, d'autres se renforcent.

ORGANISER

Le cadre de la dégustation

Une dégustation se prépare comme une fête.
Celle des sens, du plaisir, et de la convivialité.
Mais cette notion festive ne va
pas sans une certaine rigueur
et quelques règles de bon sens doivent
présider à cette cérémonie gustative.

Le cadre de la dégustation

Se mettre en conditions

Préférer le matin

Les dégustations professionnelles se déroulent dans des salles où la température, l'hygrométrie et surtout la lumière sont contrôlées. Les postes de dégustation sont individuels et isolés les uns des autres, chacun équipé d'une source lumineuse et d'un crachoir. Pour l'amateur, les conditions ne sont pas toujours idéales. C'est chez lui ou dans son club de dégustation que l'amateur pourra réunir les éléments favorables.
Le choix de l'heure de dégustation est essentiel. Les sens sont d'autant plus en éveil que se rapproche le moment du repas. Ils sont d'autant plus endormis que le sujet est en train de manger ou, pire, de digérer. Il est ainsi préférable de déguster entre 10 et 12 heures ou entre 18 et 20 heures.

« Une dégustation se prépare comme une fête, celle des sens, du plaisir et de la convivialité. »

Le cadre de la dégustation

> ~ REPÈRES ~
>
> **L'influence du verre**
>
> Versez le même vin, de préférence assez aromatique, un vin blanc de sauvignon par exemple, dans des récipients ou verres de formes différentes :
> un taste-vin, un verre à bière, un verre à moutarde, une coupe de champagne, un verre ballon, un verre en tulipe, un verre Impitoyable.
> La perception aromatique n'est pas la même. Réalisez cette expérience en tenant le verre bien immobile et après agitation.

Grignotage autorisé

Il est possible de grignoter pendant une dégustation, ne serait-ce que pour gommer les sensations tannique ou acide qui peuvent s'accumuler lorsque plusieurs vins se succèdent, mais de petits morceaux de pain suffisent, à l'exclusion de tout amuse-gueule, olives ou fromage dont la présence sert souvent à masquer les défauts du vin. Une carafe d'eau sera mise à disposition des dégustateurs.

Être en bonne santé

Enfin, le dégustateur doit être en bonne santé : rhume, grippe, embarras gastrique ou tout simplement fatigue nuisent à l'appréciation. Il doit goûter un nombre raisonnable d'échantillons afin de garder son acuité.

Déguster chez soi

• Choisissez une **pièce claire**, si possible ouverte à la lumière naturelle. Si la dégustation se déroule le soir, utilisez des éclairages dits « lumière du jour ».
• Recouvrez la table d'une **nappe blanche**. À défaut, une feuille de papier blanc peut être placée devant chaque convive.
• La température est celle des pièces au XIXe siècle, lorsque le mot « chambrer », c'est-à-dire mettre à température de la pièce, faisait référence à quelque **18-20 °C**.
• Évitez toutes les **odeurs parasites** (fumée, bouquet de fleurs, corbeille de fruits) et fermez la porte de la cuisine. Proscrivez les eaux de toilette afin de ne pas déranger votre voisin. Les dégustatrices doivent éviter le rouge à lèvres.
• Sans imposer le silence, veillez à ce que rien ne perturbe la **concentration** des convives.

Le cadre de la dégustation

Préparer les verres

Choisissez la bonne forme de verres. Le verre à pied est obligatoire pour que la main qui le tient soit le plus loin possible du nez et pour ne pas gêner la perception du vin par les odeurs de la peau. Le verre doit être tenu pas son socle.

Un bon verre à dégustation répond à plusieurs critères :

• fin et transparent, il permet d'apprécier les nuances de couleur ;

• en forme de tulipe ou ovoïde, il retient mieux les arômes mais il doit aussi conserver une bonne surface d'échange entre le vin et l'air.

• grâce à une cheminée assez haute, il permet d'agiter facilement le vin.

Le verre normalisé Afnor, dit INAO, est le plus utilisé. D'autres verres ont été étudiés pour la dégustation, chacun présentant une forme particulière, adaptée à la dégustation d'un vin blanc, d'un vin rouge jeune ou vieux, d'un vin effervescent ou d'une eau-de-vie. Citons les Œnologues, les Impitoyables et la série de chez Riedel. Certains modèles concentrent tellement les arômes qu'ils agissent comme des alambics et font ressortir autant les défauts que les qualités d'une palette aromatique. Réserves-les à des dégustations plus techniques.

Disposez plusieurs verres pour chaque dégustateur. Le verre sera rempli au tiers pour un bon dégagement olfactif. Il faut bannir l'usage du taste-vin qui ne permet d'apprécier ni la couleur ni les arômes.

Lavez les verres à l'eau légèrement savonneuse.

Les rincer longtemps à l'eau claire et les suspendre la tête en bas dans un local aéré. Avant toute dégustation, humer le verre et l'aviner avec le premier vin de la série.

> *« Chaque forme de verre met en valeur les qualités propres des types de vin. »*

Le cadre de la dégustation

Préparer les bouteilles

• La veille de la dégustation, entreposez les bouteilles dans la pièce de dégustation. Relevez et débouchez les vins jeunes une heure avant la dégustation. Remontez les vieilles bouteilles de la cave dans la position exacte qu'elles y occupaient, sans les tourner ni les relever ; débouchez-les dans un panier, sans les remuer. Si le dépôt est trop important, la décantation s'impose.

• Mettez à disposition un nombre suffisant de crachoirs : des pots en plastique feront tout aussi bien l'affaire que des seaux à champagne.

« Débouchez les bouteillles une heure avant le début de la dégustation. »

Le cadre de la dégustation

Comment déboucher une bouteille ?

Le choix du tire-bouchon

Matériel et tour de main sont nécessaires pour mener à bien l'opération délicate du débouchage. Il existe de nombreux tire-bouchons, tous issus d'une imagination débridée. Le tire-bouchon à vis et à levier, avec sa queue de cochon, est le plus répandu. Il en existe plusieurs types, du folklorique et malaisé tire-bouchon à tête de cep de vigne jusqu'au couteau du sommelier professionnel, muni d'un levier qui s'appuie sur le goulot de la bouteille. Certains comportent un levier à double action, bien commode pour les longs bouchons. La vis en est parfois recouverte de silicone pour s'enfoncer dans le liège sans l'abîmer. Les tire-bouchons à deux leviers latéraux ne sont pas conseillés, ils ont du mal à s'enfoncer bien droits.

De nombreux modèles de tire-bouchons ont été conçus pour faciliter l'ouverture de la bouteille. Mais évitez les gadgets…

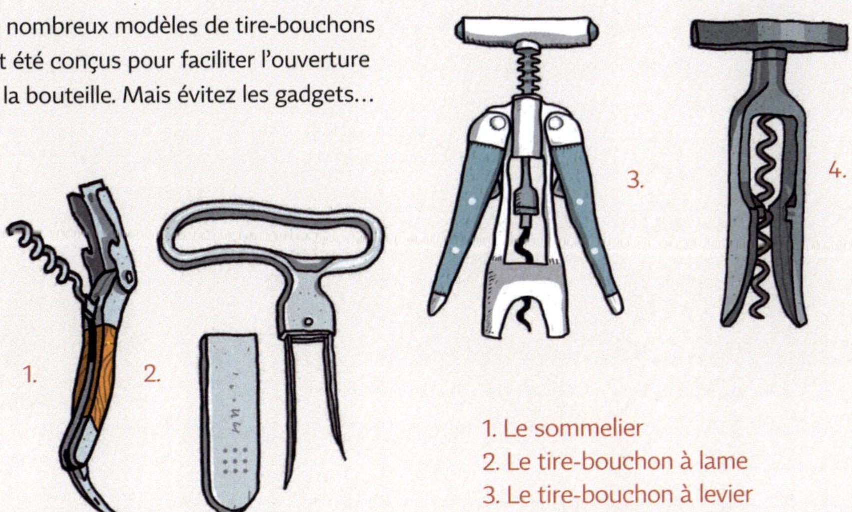

1. Le sommelier
2. Le tire-bouchon à lame
3. Le tire-bouchon à levier
4. Le Screw-Pull

Le cadre de la dégustation

Issu du vieux tire-bouchon à vis d'Archimède en bois ou en métal, le principe de la vis sans fin a donné naissance à un tire-bouchon révolutionnaire, le Screw-Pull, un outil qui convient à tous, débutants compris, mais dont l'aspect n'est pas des plus élégants et qui présente l'inconvénient de transpercer le bouchon. Le tire-bouchon à deux lames que l'on enfonce de chaque côté du bouchon est très efficace mais demande une certaine dextérité. Il est irremplaçable pour les très vieux bouchons qui peuvent s'effriter sous l'action d'un tire-bouchon classique. Oubliez les gadgets comme les tire-bouchons à gaz.

Quelques règles pour l'ouverture des bouteilles

Quel que soit votre choix, quelques règles sont incontournables.

• **Découpez la capsule** avec la lame du tire-bouchon ou les petites molettes dont il est parfois muni. La découpe peut s'effectuer sous la bague du verre ou au-dessus de la bague. Un bon sommelier doit être capable de découper au milieu de la bague, mais il s'agit plutôt d'un exercice de style. Les bouteilles capsulées à la cire sont du plus bel effet mais le débouchage peut tourner à la catastrophe, avec éparpillement de morceaux de cire sur toute la nappe. Il vaudra mieux enlever la cire « à l'office », en tapant dessus avec le manche d'un couteau.

• **Nettoyez le dessus du bouchon** avec un torchon pour enlever les éventuelles moisissures.

Le cadre de la dégustation

• **Enfoncez la vis bien droite et au milieu du bouchon.** La vis doit être assez longue mais ne doit surtout pas traverser le bouchon.
• **Commencez par dégager le bouchon,** puis faites-le venir doucement et sans à coups.
• **Nettoyez à nouveau le verre du goulot** et sentez le bouchon pour déceler une éventuelle odeur anormale. Vous pouvez présenter le bouchon accroché à la carafe ou au panier.

La bouteille de champagne

Le champagne présente un cas particulier. Ici pas de tire-bouchon, seule la main de l'homme intervient. Commencez par découper la capsule sous le muselet. Défaites celui-ci, sans l'enlever. Tenez d'une main le bouchon et le muselet (celui-ci empêche la main de glisser sur le bouchon), le fond de la bouteille de l'autre. Faites tourner la bouteille et non le bouchon. Retenez le bouchon pour que le gaz s'échappe doucement, avec un bruit discret. La mousse qui vient nettoyer le goulot sera versée dans un verre à part. Servez en tenant la bouteille par le fond.

« Si le bouchon de champagne est rétif, employez une pince spéciale. Si le bouchon se sectionne, ôtez-le avec un tire-bouchon. »

ORGANISER

Le service des vins à table

L'apprentissage de la dégustation ne serait pas complet s'il ne permettait de découvrir les interactions entre les vins et les mets. En un mot, savoir servir les vins à table est une condition du savoir-boire.

Le service des vins à table

Comment déguster à table ?

Généralement, les aliments communiquent des sensations gustatives qui perdurent plus longtemps que celles du vin. La première gorgée risque d'être éteinte si les sensations gustatives du plat sont trop intenses. Même une nourriture fade influe sur le goût du vin en exacerbant telle ou telle de ses composantes.
En revanche, une nourriture haute en saveurs atténue la sensation due à la force alcoolique du vin : un plat gras gomme ses tanins, un mets épicé réduit le vin à un rôle purement désaltérant, en lui ôtant toute personnalité.
Le dégustateur a alors deux solutions : déguster le vin ou le marier avec le plat. Soit il veut déguster le vin pour lui-même et tient à en dégager les qualités intrinsèques, pour son pur plaisir ou pour des raisons professionnelles (rédiger un commentaire par exemple). Il goûtera alors le vin avant de consommer le plat

“ Savoir servir les vins à table est une condition du savoir-boire. ”

Le service des vins à table

fixera ses sensations en dehors de la nourriture. Il aura bien entendu auparavant rincé sa bouche des sensations du plat précédent avec un verre d'eau et mâché de la mie de pain. Soit il recherche une dégustation hédoniste et goûte non pas le vin mais le couple vin-plat et cherche à suivre la conversation qu'ils entretiennent. Il pourra alterner une bouchée du plat et une gorgée de vin, en étudiant les mariages, contrastes ou interactions entre les différentes sensations. Le plat terminé, il est toujours intéressant de goûter à nouveau le vin et de laisser les sensations s'évanouir doucement dans la bouche. Le vin reprend alors la vedette et, le plat, le rôle de faire-valoir.

La progression des vins

Les écoles de sommellerie insistent sur deux stratégies en matière d'accords gourmands. Il est possible d'allier un plat avec un vin, en dehors de toute référence au repas. On marie alors les forces respectives, les finesses ou les palettes aromatiques : un vin rouge tannique avec une viande grillée, par exemple. On peut aussi tenir compte de la progression des plats et des vins. Comme l'acuité des sens s'émousse au cours du repas, mieux vaut présenter les vins par ordre de force croissante : les vins blancs avant les vins rouges, les vins légers avant les vins

tanniques, les vins simples avant les vins complexes, les vins jeunes avant les vins vieux, les vins secs avant les vins moelleux. Cela suppose que l'ordre des plats soit adéquat, ce qui pose parfois des problèmes insolubles ! Présenter le couple foie gras-vin liquoreux en début de repas marque le palais et le vin rouge suivant arrive sur la table avec un lourd handicap… Faites donc comme les Romains sous Lucullus : servez le foie gras en fin de repas, la même bouteille de sauternes pourra se terminer sur le roquefort !
Cette difficulté incite de plus en plus à bâtir un menu autour d'un vin unique, solution de facilité lors d'un repas au restaurant mais exercice des plus excitants si l'on veut bien se donner la peine de réfléchir aux alliances en sens inverse, en partant des qualités du vin et en imaginant les plats et les recettes qui peuvent le mettre en valeur, de l'entrée au dessert. La pratique du « trou » peut être une solution si l'on veut bousculer une progression classique : un verre d'eau fraîche, un sorbet plutôt qu'une eau-de-vie effaceront les impressions du vin et du plat précédent.

Les gestes du service à table

Le service des vins au restaurant

Servir est un art qui obéit aux règles des bons usages mais qui demande un peu de dextérité. Le service au restaurant est affaire de professionnels : il fait l'objet d'un enseignement spécifique dans les écoles hôtelières et les concours de sommellerie mettent en valeur le cérémonial de l'ouverture et du service du vin. Après avoir présenté l'étiquette, ouvert la bouteille devant le client, le sommelier fait goûter le vin à l'hôte auquel revient le redoutable honneur de décider si le vin convient ou non et de déceler en quelques secondes un éventuel défaut, le très redouté goût de bouchon par exemple. Une décision lourde de conséquences, de celles qui peuvent

> *“ Servir est un art qui obéit aux règles des bons usages mais qui demande un peu de dextérité. ”*

Le service des vins à table

renvoyer une bouteille très onéreuse à l'office et gâcher la soirée du sommelier.
En définitive, aucun vin même le plus prestigieux n'est à l'abri d'un accident et la satisfaction du client fait loi. Le goûteur doit avoir le dernier mot, tout en restant dans les limites de la bonne éducation.
Le service classique est dit « à la pince » : on tient le verre par le pied, entre deux doigts (la « pince »). On élève un peu le verre, la bouteille ou la carafe et l'on verse le vin en inclinant doucement le récipient. Le verre est ensuite reposé devant l'assiette.
Servez le vin par la droite, la bouteille d'une main, une serviette blanche de l'autre pour retenir une goutte qui risque de maculer la nappe blanche. Les verres doivent

être remplis à moitié, juste au-dessus de leur renflement. La mode actuelle veut que l'on tienne la bouteille par le cul, les jeunes sommeliers se distinguent ainsi de leurs aînés. La bouteille est alors souvent reposée sur une desserte ou dans un seau à glace, parfois trop loin du client qui peut mourir de soif en attendant que le sommelier veuille bien s'intéresser à son cas...

Le service des vins à la maison

À la maison, le cérémonial peut être oublié mais le savoir-vivre s'impose. Prenez soin de déguster le vin avant de passer à table, hors la présence de vos invités. La coutume veut que ce soit l'hôte qui serve le vin, mais il est rare qu'il se lève pour atteindre le bout de la table, et il peut demander un relais à un ami proche. Bien entendu, les femmes sont servies en premier, en commençant par celles qui se trouvent à la droite de l'hôte, puis à sa gauche. L'invité masculin qui est assis à la droite de la maîtresse de maison aura l'honneur d'être le premier homme servi, puis on continue dans le sens des aiguilles d'une montre. C'est ce qu'enseignent les meilleurs manuels mais la convivialité et le bon sens feront l'affaire du quotidien. La délicate affaire de la goutte qui tache la nappe peut être résolue par de petits ronds métalliques qui s'insèrent dans le goulot (appelés stoppe-gouttes ou drop-stops), ustensiles que l'on peut se procurer chez les cavistes ou les orfèvres.

« À la maison, le cérémonial peut être oublié mais le savoir-vivre s'impose. »

Le service des vins à table

Les faire-valoir du vin

Les objets qui entourent le vin et son service sont passés de la simple fonction utilitaire à celle – plus enviable – d'éléments décoratifs qui participent au plaisir de la gastronomie. Sans privilégier les onéreuses pièces de collection qui ont plutôt leur place dans une vitrine, un repas où le vin joue la vedette a besoin de ces seconds rôles pour attirer l'attention du spectateur sur le sujet central.

Les stoppe-gouttes

Pour faciliter le service on peut utiliser les stoppe-gouttes. Deux types sont tout aussi efficaces : la fine feuille métallique que l'on roule dans le goulot ou la collerette qui l'entoure.

Les dessous de bouteille

Pour protéger la nappe de taches procurez-vous des dessous de bouteille. Le plus souvent on en trouve en argent, parfois en étain ou en liège.

Le service des vins à table

Laver verres et carafes

Rien de plus désagréable qu'un verre qui sent le détergent ou le torchon, quand il ne s'agit pas d'une odeur de placard ou de carton. Lavez verres et carafes à l'eau bouillante, sans liquide à vaisselle. Rincez-les longuement à l'eau froide et laissez-les sécher dans un égouttoir, la tête en bas. Vous pourrez les rincer à nouveau avant le repas. Ne gardez jamais les verres retournés sur une étagère ; ils y prennent un goût de renfermé. De même, gardez les carafes ouvertes, sans leur bouchon. Il est parfois nécessaire de détartrer les carafes : utilisez de l'esprit de sel, du vinaigre ou du gros sel et rincez abondamment à l'eau claire. Une carafe est toujours rincée avec un peu de vin avant décantation.

Les paniers verseurs

Ils permettent de garder la bouteille couchée et de laisser un vénérable vin âgé dans la position qu'il avait en cave. Si vous respectez ce principe, sachez qu'il est très difficile de déboucher une bouteille couchée. En revanche, le service devient plus facile grâce à l'anse du panier qui peut être en simple osier ou en argent.

Les seaux à glace

Ils sont indispensables pour régler la température du vin, blanc comme rouge. En métal argenté ou en cristal, ils sont de véritables objets d'art que l'on pose sur une petite desserte à côté de la table. N'oubliez pas leur fonction première et choisissez-les de haute taille pour que le goulot de la bouteille soit immergé. Il existe des seaux de grande taille pouvant contenir plusieurs bouteilles, très utiles dans le cas d'un repas-dégustation.

Le service des vins à table

Le thermomètre à vin

Il est un peu ostentatoire mais indispensable à tout amateur. Il en existe de nombreux types, avec des têtes en liège ou en métal, présentés dans de beaux coffrets. Évitez les thermomètres à cristaux liquides qui se collent sur la bouteille, aussi laids qu'inefficaces.

Le panier transporteur

Un panier de six bouteilles, à condition qu'il ne soit pas en plastique mais en bois, en osier ou en métal, peut être un bel objet que vous poserez à côté de la table.

« Chaque vin est flatté par une température qui lui est idéale. Un grand vin rouge peut être sublimé à 18°C et déséquilibré à 22°C. »

Le service des vins à table

Garder une bouteille entamée

Comment faire ?

Bien souvent, la modération aidant, une bouteille reste à moitié pleine. Il serait criminel de jeter le surplus, et le lendemain de repas peut être l'occasion de redécouvrir des qualités qui étaient passées inaperçues lors du repas. Il suffit de protéger le vin d'une oxydation violente, en remettant le bouchon, dans le bon sens bien entendu, et en l'entreposant au frais.
Vous prolongerez la vie d'une bouteille en utilisant un système ingénieux qui consiste à placer un bouchon spécial et à faire un léger vide au-dessus du vin à l'aide d'une petite pompe *ad hoc*. Ce matériel est facile à se procurer dans les boutiques spécialisées.

Des réactions différentes

Ce sont les vins les plus aromatiques, les vins blancs jeunes ou les rouges primeurs qui risquent d'être le plus modifiés. Ils perdent leur exubérance et se simplifient. Les vins blancs de garde ou les vins rouges âgés sont parfois éteints, voire usés par cette garde en vidange mais il arrive qu'ils résistent jusqu'au lendemain. En revanche, certains vins austères ou fermés (des vins blancs jeunes de chenin ou des vins rouges jeunes et très tanniques) prennent une certaine avance sur le temps et dévoilent des charmes et une complexité qu'ils avaient dissimulés lors de la soirée. Chaque cas est particulier et les surprises, bonnes ou mauvaises, sont toujours au rendez-vous…

Et le champagne ?

La survie du champagne est plus délicate, le gaz carbonique ayant la fâcheuse manie de s'échapper de la bouteille. Oubliez la folklorique petite cuillère et autres prétendus tours de main ; seul le bouchon spécial qui prend appui sous la collerette du goulot peut conserver quelque temps le champagne et ses bulles. Mais n'attendez pas trop et trouvez vite l'occasion de finir la bouteille.

ORGANISER

Maîtriser la température de service

La température du vin dans le verre est très importante. Chaque vin est flatté par une température qui lui est idéale, mais elle doit être atteinte lentement, en évitant les chocs thermiques : pas de compartiment à glaçons du réfrigérateur pour refroidir, pas de four à micro-ondes pour réchauffer !

Maîtriser la température de service

Prévoir le réchauffement dans le verre

En général, les vins blancs sont servis trop froids, ce qui tue leurs arômes et les durcit. Les vins rouges sont servis trop chambrés, en oubliant que la température des pièces a augmenté dans nos habitudes citadines modernes ; ils laissent alors apparaître tanins secs et alcool dissocié. Le problème n'est pas tant la température de la bouteille que celle du verre. En effet, le faible volume de liquide est vite influencé par l'air ambiant et la fièvre du vin peut grimper rapidement. Il vaut donc mieux servir le vin un peu plus frais (la pièce est souvent plus chaude que le vin) et surveiller l'évolution à l'aide d'un thermomètre à vin plongé dans le verre, même si cela fait sourire vos invités ! Un grand vin rouge peut être sublime à 18 °C et déséquilibré à 22 °C. Il ne lui faut hélas que quelques minutes dans une salle à manger surchauffée pour basculer de la grandeur à la décadence !

« Les vins blancs sont souvent servis trop froids et les vins rouges chambrés à trop forte température… Un accessoire indispensable pour surveiller l'évolution de la température dans le verre ? Le thermomètre à vin ! »

Un seau à glace ou une carafe fraîche

L'arme absolue pour éviter ces catastrophes est le seau à glace, pour les vins blancs comme pour les vins rouges. Ayez toujours à portée de main un seau rempli d'eau avec quelques glaçons et n'hésitez pas à multiplier les va-et-vient entre la table et ce rafraîchissoir. Cette pratique est bien plus difficile avec une carafe ; aussi décantera-t-on les vins plus frais, en estimant leur réchauffement futur dans la carafe. Vous pouvez aussi décanter à l'avance et ranger la carafe au frais. Quant aux récipients isothermes, bien souvent en terre cuite, ils retardent simplement le réchauffement de la bouteille sans pouvoir en régler la température.

Maîtriser la température de service

~ REPÈRES ~

Quelques spécificités régionales

• **Les vins rouges espagnols** méritent d'être servis entre 16 et 18 °C pour équilibrer leur générosité. Les vins blancs seront portés à 8-10 °C afin de renforcer leur fraîcheur. Faites de même pour les **vins italiens** : veillez particulièrement à ne pas présenter les vins rouges à trop basse température car ils en paraîtraient plus vifs.

• **Les vins rouges chiliens et argentins** peuvent en revanche être bus plutôt frais, entre 15 et 16 °C.

• **Dans la production allemande et autrichienne,** les blancs secs doivent atteindre entre 12 et 14 °C, les blancs liquoreux entre 10 et 12 °C. Les **vins suisses** se contenteront pour leur part d'une température de 8-10 °C.

• **Quant aux vins californiens et australiens,** appliquez les mêmes principes de service que pour les vins français ; les vins les plus généreux peuvent toutefois être servis plus frais.

Mémoriser les bonnes températures

VINS BLANCS	EXEMPLES	TEMPÉRATURE
Vins secs de garde	Corton, montrachet, meursault ; pessac-léognan, graves ; chardonnay de Californie ; chardonnay d'Australie ; sauvignon de Nouvelle-Zélande	de 10 à 12 °C
Vins secs légers	Alsace-sylvaner, bordeaux blanc, entre-deux-mers, petit-chablis ; muscadet ; vinho verde ; soave et trebbiano d'Abruzzo italiens ; silvaner allemand ; grüner veltliner autrichien ; sauvignon californien	de 8 à 10 °C
Vins effervescents	Champagne, crémants, blanquette-de-limoux ; cava espagnol ; sekt allemand ; asti italien	de 8 à 10 °C
Vins effervescents grandes cuvées	Champagne ; cava	de 10 à 12 °C

Maîtriser la température de service

Vins liquoreux	Sauternes, barsac, loupiac, sainte-croix-du-mont, monbazillac, coteaux-du-layon, quarts-de-chaume ; tokay ; Eiswein ; Beerenauslesen, Trockenbee-renauslesen allemands et autrichiens, Cotnari roumain, Constantia	de 8 à 10 °C
Vins doux naturels et vins de liqueur	Muscat-de-rivesaltes, muscat-de-lunel, muscat-de-saint-jean-de-minervois, rivesaltes ; muscat-du-cap-corse ; muscats grecs de Lemnos, de Samos, moscatel espagnol	8 °C
VINS ROUGES		
Vins tanniques	Pauillac, margaux, saint-émilion, pomerol, saint-estèphe ; pommard, morey-saint-denis, nuits-saint-georges, volnay, mercurey ; châteauneuf-du-pape ; hermitage ; cahors, madiran ; bandol ; coteaux-du-languedoc, corbières, fitou, minervois ; cabernet-sauvignon de Californie ; syrah (shiraz) d'Australie ; barolo, chianti classico, brunello di montalcino, vino nobile de montepulciano, taurasi (Italie) ; priorato, rioja, ribera del duero (Espagne)	de 16 à 18 °C
Vins légers	Beaujolais ; alsace-pinot noir ; anjou ; chinon ; bourgueil et saint-nicolas-de-bourgueil, saumur-champigny ; dôle suisse ; Spätburgunder allemand ; bardolino et valpolicella italiens ; jumilla, rioja joven (Espagne)	de 14 à 16 °C
Vins primeurs	Beaujolais nouveau ; touraine	de 10 à 12 °C
Vins doux naturels et vins de liqueur	Banyuls, maury ; porto, madère	de 14 à 15 °C
VINS ROSÉS		
Vins légers	Rosés de Loire	de 8 à 10 °C
Vins plus corsés	Côtes-de-provence, tavel	de 11 à 12 °C

La décantation

Pourquoi décanter les vins ? La décantation possède deux fonctions précises : séparer le vin clair de ses éventuels dépôts (décantation *stricto sensu)* et oxyder le vin, c'est-à-dire l'aérer. Ouvrir à l'avance une bouteille n'a que peu d'effet sur le vin du fait de la faible surface de contact entre l'air et le vin dans le goulot. Seules quelques odeurs désagréables peuvent être atténuées (bouchon, soufre, par exemple).

La décantation

L'art et la manière

Lorsque le vin présente un dépôt visible dans la bouteille par transparence, la décantation s'impose. Celle-ci demande un certain tour de main : remontez la bouteille de la cave avec précaution, à l'aide d'un panier ou à la main après avoir pris soin de marquer à la craie le dessus de la bouteille (il serait dramatique de la faire tourner ou de la relever et de remettre ainsi le dépôt en suspension). Devant une source de lumière, en général la flamme d'une bougie ou encore une simple ampoule électrique, relevez très doucement la bouteille en versant le vin dans la carafe. Il existe des tables à décanter, munies de crémaillères ou de leviers qui permettent un mouvement lent et régulier. Elles sont en général trop volumineuses pour être mises sur table ; réservez-les à un coin de la cave. Arrêtez de verser lorsque la première particule de dépôt se présente au niveau du goulot.

Décanter les vins âgés

La décantation devient problématique pour des vins très vieux, fragiles et sensibles à la présence d'oxygène. Cette brutale aération peut être fatale à ces vieillards enfermés toute leur longue vie dans leur prison de verre. Et pourtant, ce sont souvent ceux qui présentent les dépôts les plus malvenus à la dégustation. Une situation cornélienne, la décantation serait-elle affaire de littérature ?

« Décantez deux heures à l'avance pour les vins rouges jeunes, une heure pour un vin à maturité, quelques minutes pour un vin à risque. »

La décantation

Le panier verseur est la meilleure solution dans ce cas ; il permet de décanter sans oxygéner. Quant au rôle oxygénant de la décantation, les avis sont partagés, certains ne voyant aucune différence entre un vin en bouteille et un vin qui vient d'être mis en carafe. Le facteur clé est ici le moment de la décantation. Si la décantation au restaurant ne peut s'effectuer qu'au tout dernier moment, on ne peut ouvrir une bouteille avant qu'elle ne soit achetée (bien qu'un bon client puisse commander l'ouverture de sa bouteille à l'avance), rien n'interdit chez soi de moduler le temps d'aération à volonté. L'expérience est ici irremplaçable.

« Lorsque le vin présente un dépôt visible dans la bouteille par transparence, la décantation s'impose. »

Aérer les vins rouges jeunes

Pourquoi ?

Pour les vins rouges jeunes une aération ne peut être que favorable. Par son action de dégazage tout d'abord, les vins jeunes sont souvent riches en CO_2. Par son action sur les arômes de réduction, ensuite, qui peuvent masquer le fruit. Combien de commentaires de dégustation seraient modifiés par une décantation dans des concours où l'on goûte sitôt débouché.

Le vin n'a pas le temps de respirer qu'il est déjà mis en bouche, recraché et noté. L'action de l'oxygène sur la combinaison des tanins est aussi un bénéfice de la décantation. Les tanins des vins jeunes semblent ainsi plus fondus, moins agressifs. Cette règle n'est hélas pas absolue et certains vins très aromatiques peuvent être simplifiés par une aération : le coup de fouet, bénéfique dans un cas, est trop violent dans l'autre.

La décantation

La décantation

Choisir une carafe

Les carafes à décanter forment un monde à elles seules tant leurs formes, leurs tailles, leurs styles et leurs prix sont variés. De la simple carafe boule à la forme dite canard, du verre au cristal, agrémentées ou non d'anses et becs en argent ou en étain, elles ont toujours émoustillé l'esprit créatif des cristalliers et des orfèvres. En fait, chaque type de carafe trouve sa justification : préférez les fonds larges pour une **forte aération**, les cols hauts pour **préserver les arômes**, les petites carafes pour mettre dans un rafraîchissoir. Si la carafe canard est un beau compromis et surtout un superbe objet de table, ses parties métalliques posent un réel problème de nettoyage. Surtout n'employez pas de produit pour argenterie sous peine de marquer les vins d'une odeur exogène désagréable. Complément indispensable de la carafe, l'entonnoir en étain ou en argent doit être reposé sur une soucoupe, sous peine de maculer la nappe…

Quand et comment faire ?

Pour lever le doute, rien ne remplace la dégustation expérimentale. Ouvrez la bouteille à l'avance et versez très peu de vin dans un grand verre pour avoir une vaste surface d'échange air-vin. Après avoir rebouché la bouteille, contentez-vous d'une analyse olfactive en deux temps. La première impression donnera une indication sur le vin servi directement de la bouteille ; puis laissant le verre dans un endroit frais et aéré un bon quart d'heure puis respirez à nouveau : si le vin a changé en mieux, la décantation s'impose. Si le vin a décliné, mieux vaut oublier la carafe. Cet exercice peut se faire avec des amis, avant le repas. Si vous connaissez bien le vin que vous allez servir, le livre de cave où vous aurez consigné les expériences précédentes sera un allié précieux pour prendre une décision. En général, on décante plus facilement un vin tannique (un bordeaux, par exemple) qu'un vin aromatique (un bourgogne). Ce n'est pas par hasard que l'on trouve des carafes en Gironde et des paniers à Dijon. Plus le temps passé entre la décantation et le service est long, plus le vin est modifié. Ajustez donc l'heure de la décantation à ce que vous en attendez. Deux heures à l'avance semble une bonne mesure pour un vin jeune, une heure pour un vin à maturité, quelques minutes pour un vin à risque.

Décanter les vins blancs

L'usage ne prédispose pas à la décantation des vins blancs mais l'expérience la recommande. Si les petits vins vifs et fringants ont tout à y perdre, les vins blancs de garde, en particulier ceux vinifiés en barrique, y gagnent en expression, en harmonie et en fondu. Indispensable aux graves et pessac-léognan blancs mais aussi à certains vins de chenin muets à l'ouverture, la décantation leur fait perdre leur timidité initiale ; ils en deviennent volubiles. Même les grands chardonnays de Bourgogne renforcent leur complexité. Vous pouvez aussi essayer de décanter les champagnes dans une belle carafe de cristal taillé, du plus bel effet sur la table : ils perdent un peu en gaz mais renforcent leur fruité. Vous garderez cependant les grandes cuvées dans leur bouteille, en réservant la décantation aux champagnes moins prestigieux. Pour les vins liquoreux, l'aération est indispensable, et même très longtemps à l'avance (en gardant le vin au frais) pour éliminer le soufre qui peut donner la migraine…

« En général, on décante plus facilement un vin tannique qu'un vin aromatique »

RECONNAÎTRE

l'œil

La vue est le premier contact du dégustateur avec le vin. Première étape de la dégustation, l'analyse visuelle renseigne non seulement sur la vinification et la conservation du vin, mais aussi sur son âge et son degré d'alcool. La couleur, la brillance et l'intensité constituent la robe du vin.

RECONNAÎTRE

l'œil

La première impression

Il est parfois bien difficile de distinguer, les yeux bandés, un vin rouge léger d'un rosé, ou même d'un vin blanc gras et opulent. Cet exercice peut être un excellent jeu de société, où il est plus facile de perdre que de gagner… Une école de modestie. Mais on ne peut nier le rôle de la couleur dans l'appréciation d'un vin : une belle couleur limpide et éclatante pour un vin blanc invite aux louanges. Si une robe sombre et profonde pour un vin rouge oriente le dégustateur vers une perception de densité, une intensité trop faible l'incitera à une sévérité qui influencera son analyse olfactive et gustative.

“ Au versement du vin dans le verre, le dégustateur peut juger de la viscosité du vin. À la lueur d'une bougie, il note la limpidité. Sur fond blanc, il apprécie la brillance et la couleur. ”

Les vins blancs

Si le fond général de la couleur des vins blancs est jaune, vous distinguerez deux autres teintes qui se succèdent dans le temps : le vert et le marron. La première apparaît sur des vins jeunes, la seconde sur des vins vieux. Entre les deux, une large gamme se décline : jaune pâle, jaune doré, bouton d'or, topaze, vieil or (vins vieux ou liquoreux), miel, roux, fauve, cuivré, ambré.

l'œil

Les vins rosés

La teinte d'un vin rosé varie en fonction du cépage, des traditions locales de vinification ou de son âge. Pour un côtes-de-provence, un rosé orangé traduit une certaine jeunesse ; pour un bergerac, la même couleur sera un signe d'évolution. Un rosé de pressurage est très clair, un rosé de macération plus intense. Pour s'en tenir à la simple observation chromatique, la teinte s'inscrit entre le jaune et le rouge. S'y ajoutent des composantes bleues pour les vins jeunes ou à base de syrah ou de tannat, ou bien marron pour les vins plus âgés ou riches en grenache, par exemple.

Les vins rouges

La gamme des teintes à dominante rouge dans les vins est due à l'évolution des anthocyanes, les pigments qui colorent le vin. Dans un vin jeune, ces pigments sont à l'état libre et présentent une composante bleu intense. Celle-ci vient, en se combinant au rouge, apporter des nuances violacées. Avec l'âge, les anthocyanes s'allient aux tanins pour donner une composante jaune qui se traduit dans le verre par des reflets orangés. Puis, l'ensemble se colore en tirant vers le marron. De la même manière, la frange du disque dévoile une teinte spécifique : un vin peut ainsi être rubis à frange orangée. Selon les cépages vinifiés, la couleur des vins est plus ou moins intense. Un vin issu du gamay présente ainsi une robe légère, couleur cerise. En revanche, un vin de cabernet-sauvignon offre au même âge une teinte sombre, rubis. Seules des nuances pourpres sur la frange traduisent sa jeunesse.

l'œil

presque incolore
tilleul
paille clair
paille doré
jaune doré
paille
jaune d'or
miel
ambré
thé
églantine
saumon
fleur d'oranger
pêche
vieux rose
brique
écureuil
carmin
vermillon
violine

l'œil

~ REPÈRES ~

• **Pour juger de l'intensité,** prenez un vin rouge bien coloré. Dans plusieurs verres, ajoutez 20, 40, 50 et 80 % d'eau. Reclassez les verres par ordre d'intensité colorante croissante.

Pour mieux apprécier l'intensité colorante d'un vin rouge, promenez la pointe d'un crayon derrière le verre, de haut en bas, et regardez son image à travers le disque. Jugez ainsi de l'affaiblissement de son image. En utilisant le même verre, le même crayon et avec un peu d'expérience, vous aurez un point de repère reproductible pour apprécier l'intensité. Pour plus de rigueur, vous pourrez, dans une dégustation comparative, composer votre propre gamme de verres avec des intensités croissantes en vous y référant pour chaque échantillon.

• **Pour juger de la teinte**, prenez un vin blanc. Dans plusieurs verres, ajoutez 1, 2, 5, 10 et 20 gouttes de vin rouge avec une pipette. Reclassez les verres par ordre de teinte du moins bleu au plus bleu.

• **Pour juger de la viscosité**, préparez deux verres, l'un d'eau pure, l'autre d'eau additionnée d'alcool (20 %) et de glycérine (10 g/l). Observez les larmes sur la paroi du verre et l'aspect du liquide lorsque vous le versez dans un autre verre.

Les étapes de l'analyse

1. La limpidité.

Notez la limpidité d'un vin en l'observant par le côté du verre en prenant soin que ce dernier soit éclairé par la lumière naturelle, ou par une source artificielle sur fond noir. Un vin trouble ne se goûte jamais bien : il paraît rustique et rugueux, sans aucune finesse.

2. La brillance.

C'est l'éclat du vin, sa faculté de renvoyer la lumière, de chatoyer comme une pierre précieuse. Observez cette qualité en regardant le disque (la surface du vin vue d'en haut), à la lumière naturelle et sur fond blanc.

3. La couleur.

Appréciez la couleur à partir de deux facteurs bien distincts : l'intensité et la teinte. L'intensité colorante d'un vin est due à sa richesse en pigments colorants (anthocyanes ou flavones). Elle dépend de l'épaisseur de vin traversée par la lumière. Observez-la au-dessus du verre, en inclinant celui-ci pour régler la hauteur du liquide, et à la lumière du jour qui frappe le verre de face. Vous devez nuancer votre appréciation en fonction du type de vin. En effet, vous ne pouvez pas attendre la même intensité colorante d'un beaujolais que d'un hermitage. Quant à la teinte, vous distinguerez la tonalité principale des reflets, que vous pouvez observer soit lorsque le vin est en train de couler de la bouteille, soit sur les bords du disque.

4. La couleur de la frange.
La fine zone où le vin rencontre le verre, tout autour du disque, est une source d'enseignements sur l'évolution du vin ; c'est dans cette partie que les composantes de la couleur sont les plus visibles : bleues pour un vin jeune, brunes pour un vin âgé.

5. La viscosité.
On a longtemps cru que le gras du vin, à l'origine des *larmes* ou *jambes* qui coulent le long du verre, était dû à sa richesse en glycérol. Or, c'est surtout la teneur en alcool qui tend à modifier la tension superficielle du liquide et donc à favoriser des gouttes de vin sur le verre. La viscosité s'apprécie en observant attentivement le vin qui coule de la bouteille.

« Pour mieux percevoir l'intensité colorante, promenez un crayon derrière le verre. »

l'œil

Analyser les nuances

Du jaune au brun

Couleur	Nuance de la robe	Déduction
Vins blancs		
	Presque incolore	Très jeune, très protégé de l'oxydation. Vinification moderne en cuve
	Jaune très clair à reflets verts	Jeune à très jeune, vinifié et élevé en cuve
	Jaune paille, jaune or	Maturité Peut-être élevé sous bois
	Or cuivre, or bronze	Déjà vieux
	Ambré à noir	Oxydé, trop vieux
Vins rosés		
	Blancs tachés, œil-de-perdrix, reflets rosés	Rosé de pressurage et vin gris jeune
	Rose saumon à rouge très clair franc	Rosé jeune et fruité à boire
	Rose avec nuance jaune à pelure d'oignon	Commence à être vieux pour son type
Vins rouges		
	Violacé	Très jeune. Bonne teinte des gamays de primeur et des beaujolais nouveaux (6 à 18 mois)
	Rouge pur (cerise)	Ni jeune ni évolué. L'apogée pour les vins qui ne sont ni de primeur ni de garde (2 à 3 ans)

L'œil

Couleur	Nuance de la robe	Déduction
	Rouge à frange orangée	Maturité de vin de petite garde
Début de vieillissement (3 à 7 ans)		
	Rouge-brun à brun	Seuls les grands vins atteignent leur apogée vêtus de cette robe (pour les autres il est trop tard)

Du clair au foncé

Couleur	Causes	Déduction
Robe trop claire	Manque d'extraction, année pluvieuse, rendement excessif, vignes jeunes, raisins insuffisamment mûrs, raisins pourris, cuvaison trop courte, fermentation à basse température	Vins légers de faible garde, vins de petits millésimes
Robe foncée	Bonne extraction, rendement faible, vieilles vignes, vinification réussie	Bons ou grands vins, bel avenir

RECONNAÎTRE

Le nez

L'appréciation olfactive d'un vin repose sur une somme de sensations appelée le nez du vin. Malgré les innombrables techniques développées en matière d'analyse des arômes, il n'existe aujourd'hui encore aucun appareil de mesure capable de rivaliser avec l'odorat de l'homme. Les chercheurs ont dénombré dans le vin plus de cinq cents arômes différents.

Le nez

Mémoriser les arômes

Dès l'enfance, nous apprenons à voir, à entendre, à toucher, à goûter, mais aucune initiation n'est envisagée pour améliorer notre odorat. Ce sens est très développé à la naissance, puis régresse ou perdure sans que des exercices viennent le stimuler ou le discipliner. Ainsi évolue-t-il de façon différente selon les individus et l'on constate des sensibilités et des capacités d'attention variables d'une personne à l'autre. L'amateur de vin sera amené à réveiller ce **sens endormi** par l'entraînement et le travail de mémorisation. Car il devra exprimer les sensations perçues à l'olfaction d'un vin par analogie avec toute la gamme des odeurs rencontrées dans la nature. Le tableau des arômes **(p. 68-69)** permet d'identifier les grandes familles d'odeurs : végétale, florale, fruitée, boisée, épicée, empyreumatique.

Le nez

Comment fonctionne l'odorat ?

L'œil, le nez, la bouche sont sollicités lors d'une dégustation, mais dans ce trio l'odorat joue indiscutablement le rôle le plus important. Le nez possède un outil d'une exceptionnelle puissance et finesse : le bulbe olfactif. Celui-ci, regroupant les centres de l'olfaction, se situe dans la zone antéro-inférieure du cerveau. Les cellules spécialisées dans la perception des odeurs se trouvent, quant à elles, tout en haut des fosses nasales et sont reliées au bulbe par le nerf olfactif qui traverse l'os ethmoïdal comme le montre le schéma ci-dessous.

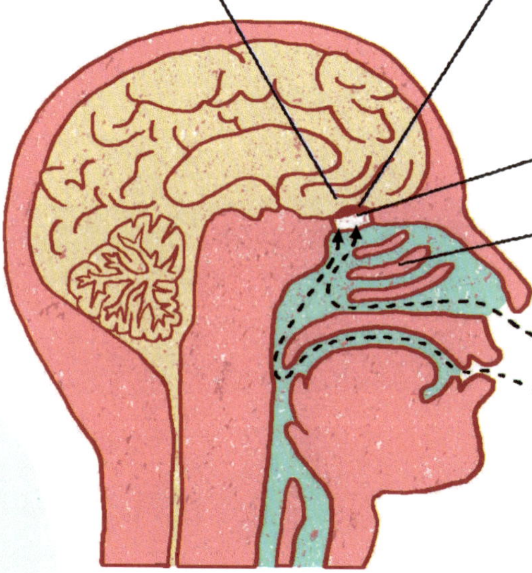

« La reconnaissance des arômes fait appel à la mémoire : souvenirs d'odeurs perçues dans la nature, réminiscences de parfums fruités et floraux. »

Le nez

Le siège de l'odorat peut être activé par deux voies :

• la **voie directe**, celle que l'on exploite quand on hume (on aspire pour sentir) ;

• la **voie rétronasale** qui utilise le passage reliant le palais aux fosses nasales.

On emploie parfois le mot « odeur » pour désigner les sensations recueillies par voie directe, et le mot « arôme » pour la perception par voie rétronasale, c'est-à-dire par rétro-olfaction. Cette dernière correspond aux sensations olfactives perçues en même temps que les saveurs alors que le vin est en bouche.

Les composants aromatiques du bouquet s'expriment selon leur volatilité, qui dépend de la température. Dans le verre, la température du vin se situe entre 10 et 20 °C : le nez perçoit des odeurs. Dans la bouche, la température atteint 30 °C et plus : on détecte alors des arômes par voie rétronasale. Les spécialistes de l'olfaction estiment que le tandem récepteurs-cerveau serait capable de distinguer 400 000 odeurs, à des doses infinitésimales.

~ REPÈRES ~

Testez la voie rétronasale

Un individu fortement enrhumé perd le goût des aliments. Cet état met en évidence le rôle de la voie rétronasale dans la perception des arômes. Une expérience simple conduit à la même conclusion. Il vous suffit de demander à un ami de se pincer fortement le nez, puis de mettre en bouche un peu de jus d'ananas que vous lui aurez préparé dans une tasse pour qu'il ne puisse pas percevoir son aspect. Celui-ci aura la plus grande difficulté à identifier le fruit en question. Dès qu'il relâchera le nez, l'air recommencera à y circuler et il reconnaîtra immédiatement l'ananas.

Le nez

Les étapes de l'analyse

L'appréciation olfactive d'un vin repose sur une somme de sensations que les experts appellent « le nez du vin ». Elle se déroule en trois étapes.

1. Humez le vin qui vient d'être versé dans le verre (rempli au tiers), en tenant celui-ci immobile par la base de son pied. Ce premier nez met en évidence des arômes parfois subtils mais fugaces.

2. Faites tournoyer le vin dans le verre. Respirez à nouveau. Le deuxième nez dévoile les odeurs qui se sont développées grâce à l'aération et à l'oxydation.

3. Agitez le vin dans le verre en cassant sa surface. Les arômes les moins volatils sont ainsi débusqués. Laissez ensuite le vin se reposer dans le verre avant de suivre l'évolution des constituants aromatiques. En effet, les arômes ne sont pas figés dans le verre. En passant d'un milieu réducteur dans sa bouteille à une ambiance oxygénée dans le verre, le vin voit ses composés aromatiques évoluer plus ou moins rapidement. Ainsi, les notes de fumé ou de viandé disparaissent-elles à la première aération.

Le nez

Le fond de verre

La dernière goutte qui se tapit au fond du verre a encore son mot à dire. Les notes trop végétales, trop boisées, ainsi que le caractère volatil se manifestent impitoyablement. La résistance du vin à l'oxydation, donc sa capacité de garde, se dévoilera ensuite. En chauffant le verre d'une main et en le bouchant de l'autre, comme vous le feriez avec un vieux cognac ou un vieil armagnac, vous pourrez tenter de deviner l'évolution du vin au vieillissement.

~ REPÈRES ~

La reconnaissance des odeurs

Dans des verres opaques, placez différents jus de fruits (pomme, abricot, orange, banane). Il s'agit de les reconnaître simplement à l'odeur, sans se laisser influencer par la couleur. L'exercice, répété plusieurs fois, prouve qu'il existe un temps de latence entre deux sensations : il faut laisser votre nez se reposer quelques secondes avant de passer au verre suivant.

RECONNAÎTRE

Les arômes

Quoi de plus fascinant que d'écouter un dégustateur expérimenté évoquer les arômes qu'il découvre dans un verre de vin ? Pour mettre un mot sur chaque sensation olfactive, il faut comprendre la magie du vin, depuis la vendange d'un raisin sain et mûr jusqu'à la fermentation et au vieillissement en bouteille.

Les arômes

Arômes primaires : le raisin

Chaque cépage porte sa signature aromatique, plus ou moins intense selon la variété. On distingue les cépages dits aromatiques des cépages plus discrets. Dans la première catégorie, les cépages de la famille des muscats représentent le paroxysme aromatique. Cependant, le gewurztraminer (arômes de **rose** et d'épices) ou le sauvignon (senteurs de buis et de fruits blancs) dans les vins blancs, ainsi que le cabernet-sauvignon (notes de **poivron** et de fruits rouges) ou la syrah (fruits noirs et poivre) dans les vins rouges portent en eux des gènes aromatiques facilement identifiables. De plus, un cabernet-sauvignon n'a pas le même profil aromatique selon qu'il est cultivé en Médoc ou en Languedoc.

Dans le premier cas, il développe des arômes de poivron, de fumée, de feuille de cassis ou de cassis mûr en fonction de son état de maturité ; dans le second cas, des arômes de fruits à l'eau-de-vie et de réglisse se superposent à un fond de fruits noirs.

Le riesling offre l'exemple le plus saisissant du dialogue entre cépage et terroir. Il exprime des qualités très variables selon les sols : de la plus grande délicatesse florale aux senteurs plus lourdes de naphte ou de truffe. Quant à l'influence de la maturité, il suffit pour s'en convaincre de goûter un vin de sauvignon issu d'une vendange précoce, dont les arômes de buis ou de pipi de chat sont peu agréables, et un vin de raisins bien mûrs auquel les fruits à chair blanche et le musc apportent de la noblesse.

Arômes secondaires : la fermentation

Le pur jus de raisin est peu aromatique. Les arômes sont parfois à l'état latent, sous forme de précurseurs, tapis dans la pellicule de la baie. La transformation du sucre en alcool libère ces arômes et les rend éclatants : le fruit ne se révèle que lors de la fermentation. L'agent de cette transformation, la levure, ne produit pas seulement de l'alcool et du gaz carbonique, il donne aussi naissance à une grande variété de produits secondaires, grâce aux enzymes qui participent aux réactions chimiques. Ces différentes substances complètent les senteurs initiales du fruit par des arômes secondaires, lesquels dépendent de la nature de la levure, de la température de fermentation et des aliments de la levure. L'utilisation de levures « sélectionnées » (exogènes)

La fermentation

• **La fermentation** c'est la **transformation du sucre** du raisin en alcool sous l'action des levures, accompagnée d'un dégagement de gaz carbonique. Parallèlement à cette transformation, d'autres composés se développent qui font le caractère du vin. Pour que la fermentation se déroule dans de bonnes conditions, les levures doivent bénéficier d'air et d'une température ni trop basse ni trop haute : entre 26 et 30 °C pour les vins rouges, entre 18 et 20 °C pour les vins blancs et rosés.

• **La fermentation malolactique**
Il s'agit d'une seconde fermentation, induite par des bactéries lactiques qui transforment l'acide malique en perdant une fonction acide. Le vin perd ainsi de son acidité primitive et ses arômes sont transformés. Cette fermentation doit se dérouler alors que les sucres du raisin ont été complètement épuisés, sous peine de production d'acidité volatile. Elle peut se déclencher en cuve ou en barrique.

permet à coup sûr d'orienter les arômes mais prive le vin d'une complexité qu'il aurait pu acquérir en fermentant avec des levures indigènes, celles du vignoble ou de la cave. La fermentation malolactique assouplit les vins en transformant l'acide malique (un acide âpre et dur) en acide lactique. Elle transmet elle aussi sa cohorte d'arômes. Le fruité initial s'en trouve modifié : des notes **beurrées** et **lactées** se combinent alors aux arômes primaires.

L'élevage

C'est la période qui suit la fermentation et qui permet d'affiner le vin, avant sa mise en bouteilles. Lorsque l'élevage n'est pas bien maîtrisé, le vin peut prendre de nombreux défauts : un goût de bois asséchant, une oxydation, de l'acidité volatile, l'attaque par des levures brettanomyces.

Arômes tertiaires : l'élevage

Une fois la totalité des sucres transformés en alcool, le vin entame une période d'élevage plus ou moins longue. On distingue l'élevage, qui s'effectue en cuve ou en fût, du vieillissement en bouteille.

• Pendant l'élevage, le vin se trouve en milieu oxydatif ménagé ; il est protégé par l'adjonction modérée d'anhydride sulfureux (soufre). Au cours de cette phase, les arômes primaires et surtout fermentaires s'atténuent, le vin se défait de son caractère de jeunesse. Si la cuve garde d'autant plus de fruit que le vin est protégé des oxydations violentes, le fût produit non seulement une lente oxydation mais aussi communique les composés très odorants du **chêne** plus ou moins brûlé de la barrique.

• Après mise en bouteilles, le vin entame sa vie à l'état de réduction. Se développent des arômes de cuir, de viande, voire de gibier, avec des notes parfois complexes de champignon, de fumée, de torréfaction.

Les arômes

Tous ces éléments évoluent avec l'âge. Le vin connaît ainsi différentes phases. C'est un être vivant : il naît, s'élève, mûrit avant de décliner et de mourir. Au fil du temps, les arômes du vin passent des composantes primaires et fermentaires au bouquet, mais des états intermédiaires se manifestent aussi. Un vin qui a réussi à garder un peu de son fruité originel tout en évoluant lors de son élevage et de son vieillissement a de grandes chances de devenir une belle bouteille.

« Les arômes primaires sont issus du cépage. Les arômes secondaires proviennent de la fermentation, des levures et de l'alcool. Les arômes tertiaires sont le fruit de l'élevage. »

Le bouquet ou arômes tertiaires

Ces arômes se développent pendant l'élevage du vin en cuve ou en fût, puis pendant sa garde en bouteille. On peut trouver des bouquets à caractère oxydatif ou de réduction. On parle aussi de fumet lorsque le vin a atteint un âge respectable.

Les arômes

Dans le verre… la synthèse

Lorsque vous dégustez un vin, en particulier un vin vieux, les arômes ne sont pas figés dans le verre. Passant d'un milieu réducteur dans sa bouteille à un milieu oxygéné dans le verre, le vin connaît une évolution plus ou moins rapide de ses composés aromatiques. Juste après le versement, quelques arômes de réduction peuvent se manifester (fumé, viandé, par exemple), mais ils disparaissent à la première aération. De même, les différentes familles aromatiques ne se déclinent pas en même temps. Laissez le vin « vivre sa vie » ; revenez sur son nez et suivez son discours aromatique. L'usage du vin à table est ainsi incomparable : le temps du repas permet au vin d'exprimer toutes ses facettes et sa complexité.

Les experts insistent souvent sur la température à laquelle le vin doit être servi, car celle-ci est susceptible de modifier la perception du bouquet ; trop chaud (au-dessus de 18 °C), il perd rapidement les parfums très volatils et risque d'exprimer des composés aromatiques lourds anormaux.

~ REPÈRES ~

Identifiez les arômes

La reconnaissance des arômes est l'exercice le plus difficile. Il fait appel à la mémoire du dégustateur, à sa culture olfactive en quelque sorte. Cette culture peut s'enrichir par une gymnastique simple. Ces sont des exercices quotidiens qui demandent au débutant une attention à toutes les odeurs de son environnement : rue, jardin, cuisine, marché, etc. Cet apprentissage sera facilité par l'utilisation d'arômes synthétiques, isolés pour la dégustation.

• **Classez** les arômes dans les différentes séries – florale, fruitée, balsamique, empyreumatique, etc. – afin de bien comprendre les caractéristiques communes à chaque famille aromatique.

• **Sentez** ensuite ces arômes à l'aveugle et identifiez-les. Travaillez à nouveau par série, en humant tout le groupe fruité, par exemple, et en essayant de nommer chaque fruit.

• **Reconnaissez** enfin un arôme choisi au hasard : d'abord la famille aromatique, puis l'arôme en particulier.

Les arômes

Honnêteté et confiance en soi

Les arômes et les goûts doivent être réellement ressentis et non suggérés par une connaissance théorique (un meursault doit sentir le tilleul, donc ce vin sent le tilleul) ou par le commentaire d'un voisin qui clame que le vin dégage tel ou tel arôme. Le pouvoir de suggestion, parfois déterminant si un dégustateur de fort caractère ou de grande réputation exprime son point de vue, ne doit pas aller à l'encontre de votre libre arbitre ; il n'est nullement déshonorant de dire dans une dégustation collective : « Non, je ne sens pas cet arôme de **réglisse** dont vous me parlez. » La dégustation est une grande école d'humilité.

L'oxydation ménagée

Les composants d'un vin s'oxydent au contact de l'air. Les vins rouges peuvent être élevés en **fût**, ce qui permet un lent apport d'oxygène. Cet apport affine les tanins et favorise les mariages tanins-anthocyanes aptes à stabiliser la couleur. En revanche, les vins blancs sont souvent gardés à l'abri de l'air pendant leur phase d'élevage.
En général, ils sont mis en bouteilles précocement en ajustant la dose d'anhydride sulfureux pour conserver intacts leur fraîcheur et leurs arômes. Une oxydation excessive entraîne de graves altérations du vin : teinte marron peu engageante, arômes de cuit, de madère, de solvant ou de vernis.

~ REPÈRES ~

Pour aller plus loin :

Ajoutez un composé aromatique

Prenez deux verres de vin. Hors du groupe d'amis dégustateurs, ajoutez un arôme à l'un d'entre eux, en faible quantité de préférence. Faites reconnaître l'arôme en question. Puis, déclinez les composants aromatiques dans plusieurs verres. Celui qui aura le plus de points pourra goûter le verre numéro 1 vierge de tout additif. Jettez le contenu des autres verres.

« Le temps du repas permet au vin d'exprimer toutes ses facettes et sa complexité. »

La réduction

C'est l'évolution des composants du vin dans un milieu privé d'air, comme la bouteille obturée par un bouchon de liège. La réduction se caractérise par des arômes animaux, des notes de cuir, de **champignon**, de fumée. Une réduction trop poussée conduit à des défauts : odeurs de renfermé dans les vins rouges, odeurs métalliques dans les vins blancs, odeurs putrides telles que l'œuf pourri, l'**oignon**, le **poireau** ou le croupi.

Les arômes

Séries aromatiques et arômes

ARÔMES PRIMAIRES OU VARIÉTAUX

VINS BLANCS		
Série florale		Acacia, aubépine, œillet, chèvrefeuille, jacinthe, jasmin, iris, fleur d'oranger, rose, lilas, genêt, tilleul
Série végétale		Foin coupé, herbe, fougère, buis, pipi de chat, tisane, lierre, thé. Notes végétales aromatiques : anis, menthe, fenouil, etc.
Série fruitée		Pomme, pêche blanche ou jaune, poire, agrumes, citron, abricot, pamplemousse, coing, ananas, mangue, fruits exotiques divers, banane, amande fraîche
Série minérale	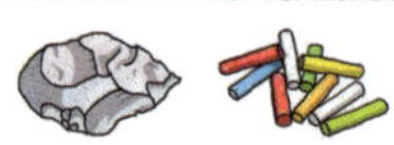	Pierre à fusil, craie, iode, silex, naphte ou pétrole, notes salines
VINS ROUGES		
Série florale		Violette, rose, pivoine, fleurs séchées, rose fanée
Série végétale		Poivron vert, humus, bourgeon de cassis
Série fruitée		Fruits rouges et noirs (cerise, mûre, etc.).
Série épicée		Poivre, thym, laurier, garrigue

ARÔMES FERMENTAIRES

VINS BLANCS ET VINS ROUGES		
Série fermentaire		Levure, mie de pain, brioche, biscuit

Les arômes

Série lactée 	Lait, beurre frais, fondu ou noisette, yaourt
Série amylique 	Banane, bonbon anglais, vernis à ongles

Arômes d'élevage

VINS BLANCS	
Série florale 	Fleurs séchées, camomille, bruyère
Série fruitée 	Fruits secs : noisette, noix, amande, abricot
Série confiserie 	Miel, praline, pâte d'amande, cake, etc.
Série boisée et balsamique 	Chêne, bois neuf, balsa, pin, cèdre, vanille, etc.
VINS ROUGES	
Série fruitée 	Fruits rouges compotés, pruneau, fruits noirs, prune, cerise noire
Série empyreumatique 	Cacao, pain grillé, pain d'épice, café, tabac, caramel
Série boisée et balsamique 	Bois neuf, chêne, pin, eucalyptus, bois fumé, bois brûlé, etc.
Série épicée 	Vanille, cannelle, poivre, clou de girofle, réglisse, Zan, goudron
Série animale 	Jus de viande, cuir, fourrure, gibier, venaison, ventre de lièvre
Série végétale 	Sous-bois, champignon, truffe
Série chimique 	Solvant, vernis

RECONNAÎTRE

Les arômes de fleurs dans les vins blancs

La première découverte d'un arôme fleuri dans la vie du vin est celle de l'odeur de la fleur de vigne. Discrète, délicate, elle s'exprime avec beaucoup de finesse et de subtilité. La palette aromatique d'un vin blanc sec s'apparente souvent à celle d'un bouquet de fleurs. Le langage du dégustateur rejoint alors celui de l'horticulteur.

Les arômes de fleurs dans les vins blancs

Un signe de la maturité du raisin

On peut établir un parallèle entre la qualité aromatique, ou la richesse de la palette, et l'avancement de la maturité. Un raisin vert exprime des arômes très végétaux, des notes de feuille ou d'**herbe fraîchement coupée**. Si le raisin mûrit un peu plus, les premiers signes d'odeurs florales apparaissent. Le vin acquiert une gamme aromatique plus complexe et gagne en finesse. Quelques mois de garde supplémentaires et la série fruitée (**fruits blanc** dans ce cas) complète le tableau. La plus grande complexité est obtenue lorsque le raisin parvient à sa maturité aromatique, ce que le cépage sauvignon illustre bien. Cueilli avant complète maturité, il n'exprime qu'une gamme aromatique végétale : buis, **feuille de cassis**, sureau, sauge. Ramassé à maturité, il offre une superbe complexité où les **fleurs** comme le chèvrefeuille et l'acacia se mêlent aux fruits blancs (**pêche** de vigne, **poire** ou **pomme** mûre). Un vin blanc peut parler le langage des fleurs. Selon son caractère, il exprimera certaines variétés plutôt que d'autres.

Les arômes de fleurs dans les vins blancs

Les fleurs des champs

La gamme des fleurs sauvages est presque infinie : pâquerettes, boutons d'or, liserons, crocus, etc. Elle confère au vin de la légèreté, une note naturelle qui le rend particulièrement frais. Les vins de macabeu, de rolle, de clairette, de grenache blanc, de viognier, d'aligoté et de sylvaner constituent de bonnes illustrations. Les fleurs des landes comme le genêt ou la **bruyère**, aux parfums lourds et puissants, se rencontrent dans des vins de cépages tels le chardonnay ou la marsanne. Enfin, les fleurs sauvages de garrigue sont très présentes dans les vins blancs méridionaux.

“Les subtils parfums de fleurs des champs et d'arbres fruitiers participent à l'élégance des vins blancs secs.”

Les fleurs blanches

Ce sont les fleurs les plus délicates, dont les fragrances intenses restent toujours élégantes : acacia, chèvrefeuille, aubépines, fleurs d'arbres fruitiers (pêcher, pommier, cerisier), œillet. Cette large gamme caractérise les vins blancs fins et racés. On rencontre de tels effluves dans les vins issus des cépages chardonnay, roussanne, sauvignon, sémillon, viognier ou riesling, entre autres.

Les arômes de fleurs dans les vins blancs

Les fleurs d'agrumes

La **fleur d'oranger** ou la citronnelle ne sont pas des arômes dominants, sauf dans le cépage muscat, mais elles servent de catalyseurs et soulignent telle ou telle autre senteur. Une touche de citronnelle renforce la vivacité et donne beaucoup de légèreté au nez d'un vin blanc. Une note de fleur d'oranger lui confère du volume et de l'allonge.

La rose, le lys et le sureau

Certaines fleurs développent des parfums entêtants qui dominent la gamme aromatique. La **rose**, très perceptible dans les vins de muscat ou de gewurztraminer, en est le meilleur exemple. Elle impose une sensation de plénitude, voire de lourdeur. Le lys ou le sureau sont également présents dans la gamme des cépages très aromatiques, principalement les riesling, pinot gris, gewurztraminer ou muscat.

Le géranium : un défaut aromatique

L'excès d'acide sorbique, substance utilisée pour protéger les vins blancs, provoque des altérations aromatiques qui s'apparentent au géranium. Cette odeur est désagréable et constitue un défaut à la dégustation.

Les arômes de fleurs dans les vins blancs

La violette, le jasmin et l'iris

Certaines fleurs se rencontrent à la fois dans les vins blanc et les vins rouges. La **violette** en est le meilleur exemple. Le mauzac de Gaillac peut exprimer ce parfum, associé à la pomme mûre ; le vin de viognier en est coutumier, ainsi que certains vins blancs de Savoie. Les vins rouges issus de syrah et de cabernet franc, tout comme ceux de négrette et encore plus d'auxerrois, voire de pinot noir, savent aussi mettre la modeste violette à leur palette.

Les fleurs séchées

Dans la nature, les fleurs ne vivent que l'espace d'une saison ; de même, le vin fleuri finit par se faner. Si celui-ci est de petite constitution, il achèvera sa vie en perdant ce qui faisait son charme juvénile. En revanche, s'il a tout ce qu'il faut pour affronter les années de garde (puissance alcoolique, acidité, concentration), cette palette florale pourra évoluer favorablement ; elle entrera dans les séries de **fleurs séchées**, d'arômes d'**infusion**, de **tisane**, dont la gamme peut être très étendue.

Les arômes de fleurs dans les vins blancs

RECONNAÎTRE

Les arômes de fruits dans les vins rouges

À mesure que le grain de raisin mûrit, la sensation fruitée s'affirme, avec un mariage sucre-acide de plus en plus harmonieux et surtout une complexité aromatique croissante. Mais si le vigneron laisse passer un certain stade de maturité, le fruité semble lourd et s'oriente vers des notes « bletties ». Le vin suit exactement les mêmes lois.

Les arômes de fruits dans les vins rouges

Les fruits rouges

La framboise

Il s'agit de l'arôme le plus répandu dans les vins rouges. On le trouve dans des cépages comme le pinot noir, le cabernet franc lorsqu'il est bien mûr, la syrah, le cinsaut et surtout le gamay vinifié par macération carbonique.

La fraise

Plus rare que la framboise, elle indique souvent une maturité plus avancée. Certains vins vieux, en plein épanouissement, peuvent présenter ce caractère.

La groseille

Sa présence n'est pas un signe de grande maturité et se rencontre parfois dans des vins rouges qui ont manqué de soleil.

La cerise

Elle se décline dans les vins rouges en une large gamme. De la cerise bigarreau, savoureuse et vive, à la petite cerise noire que l'on peut ranger dans la catégorie « fruits noirs », en passant par la burlat, la guigne ou la griotte, les différences sont importantes. Un arôme de cerise est souvent associé à la senteur de noyau. Aussi peut-on le classer dans la catégorie « fruits à noyau ». Si la cerise rouge s'exprime à merveille dans un vin d'appellation morgon, la griotte est évidente dans un chambertin ou un volnay.

La macération carbonique

Des vins souples et fruités, légèrement acidulés, naissent de la macération carbonique. Les grains entiers de raisins rouges macèrent dans une cuve saturée en gaz carbonique. Sous cette atmosphère privée d'oxygène, la fermentation traditionnelle ne peut s'effectuer, mais à l'intérieur des cellules de chaque baie se produit une fermentation enzymatique, génératrice d'alcool, d'arômes spécifiques et de couleur. Le raisin est ensuite pressé et fermente normalement.

Les arômes de fruits dans les vins rouges

Les fruits noirs

La senteur de fruits noirs est associée soit au caractère bien particulier d'un cépage, soit à une grande maturité. Curieusement, cette note est également présente dans les vins issus de cépages tanniques.

Le cassis

Il est le fruit noir le plus souvent identifié par les dégustateurs. Des vins aussi différents que ceux de pinot, de cabernet-sauvignon, de syrah ou encore de fer-servadou cultivé à Marcillac présentent des arômes de cassis.

La mûre

Bien qu'elle soit plus rare, elle est bien typée à Madiran, dans les vins où le tannat est arrivé à bonne maturité et récolté à petits rendements, ainsi qu'en Savoie dans la mondeuse.

Les petites baies sauvages,

Comme la myrtille et les airelles, elle signent des vins plus rustiques ou manquant de maturité.

Les fruits cuits

Au fur et à mesure de l'évolution du vin, le fruit passe du stade frais au stade confituré. On parle alors de fruits compotés, cuits ou franchement confiturés. Ces arômes apparaissent dans les vins de garde, au bout de quelques années, mais les régions du Sud peuvent produire des vins jeunes qui possèdent déjà ces caractères. Lorsque le cépage dominant est le grenache, sensible aux évolutions rapides, cette impression se trouve renforcée.

RECONNAÎTRE

Les arômes de fruits dans les vins rouges

Les fruits confits

Le fruit confit est une étape dans l'évolution du vin, souvent entre le stade fruit frais et fruit cuit, mais cette note peut également indiquer un grand millésime ensoleillé. On peut associer à cette notion de confit, celle de raisin sec, passerillé ou de Corinthe qui est rare dans les vins rouges et se trouve plutôt dans les blancs liquoreux.

Les fruits secs

Les fruits secs marquent en général la dernière étape du vin. On distingue cependant les fruits secs qui apparaissent à l'apogée de la qualité d'un grand vin rouge de garde comme la figue sèche ou la noisette, des notes moins nobles qui indiquent une oxydation, comme le pruneau ou la **noix**.

Les fruits à noyau

On regroupe sous cette rubrique des fruits comme la **cerise**, la **prune**, la prunelle, la mirabelle, la pêche ou l'**abricot**. Seuls les deux premiers sont présents dans les vins rouges, les autres s'exprimant plutôt dans les vins blancs. L'arôme de prune est assez rare, mais quelques vins du Midi (certains vins doux naturels) présentent cette note.

Les fruits exotiques

L'arôme de **banane** signe les vins primeurs en général issus du gamay, vinifiés en macération carbonique, avec des levures aromatiques. Longtemps en vogue, aujourd'hui décrié il est présent dans certains beaujolais nouveaux, dans les gaillac ou les touraines primeurs. Il s'agit d'un arôme fermentaire, étranger au cépage.

Les arômes d'évolution dans les vins rouges

Lorsque le vin a séjourné en bouteille, les caractères à dominante animale, épicée ou grillée apparaissent. Si ces arômes sont persistants et résistent à une aération ou à une décantation, ils font partie de la signature aromatique du vin.

Les arômes d'évolution dans les vins rouges

Les arômes animaux

Les arômes animaux se développent avec l'âge de façon aléatoire. Le meilleur exemple de ces variations se trouve à Châteauneuf-du-Pape. Le grenache, épaulé par la syrah et le mourvèdre, a une destinée « en dents de scie ». D'abord très fruité, le vin passe par une phase animale parfois excessive. Un peu de patience et le vin retrouvera un caractère fruité, associé aux notes viandées et épicées qui se sont fondues. Comme tous les autres, les caractères animaux dans le vin sont affaire de mesure : seuls, ils peuvent rebuter et le vin paraît déséquilibré ; à doses plus légères et surtout intégrés dans la gamme aromatique où les autres familles font entendre leur voix, ils participent à la complexité du vin.

L'arôme de cuir

Il indique le début de la formation du bouquet. D'abord discret, il peut s'imposer avec force dans les **vins rouges vieux** où sa présence est une qualité. Un vieux saint-estèphe ou un vieux chambertin, pourtant aux antipodes l'un de l'autre, expriment parfois le même arôme de cuir.

Les arômes de viande

Les arômes de viande fraîche et, surtout, de jus de viande apportent beaucoup de saveurs au vin car, en général, ils se retrouvent en bouche. Viennent ensuite des nuances plus violentes. L'arôme de sueur peut apparaître dans les vins rouges vieux : il n'est supportable qu'à petites doses (il est signe de brettanomyces). Au contraire, les notes de **gibier** rassemblent tous les suffrages. Certains amateurs de ces arômes

de civet rangent les vins qui les expriment dans la catégorie des « vins de chasse ». Les exemples sont nombreux : les grands châteauneuf-du-pape, les bandol, les hermitage, les pomerol, les pauillac, les madiran, les fitou possèdent une force aromatique qui peut rebuter certains et enthousiasmer les autres. Le mourvèdre est peut-être le cépage qui développe le plus rapidement ces caractères. Les excès sont toutefois condamnables et indiquent que le vin est vraiment trop réduit ou atteint de déviations levuriennes.

Les arômes grillés

Les notes de grillé peuvent avoir plusieurs origines : la maturité de la vendange peut jouer un rôle, mais ce sont surtout les tanins qui développent ces arômes (tanins du raisin et tanins de la barrique). Les premiers signes apparaissent sous forme de fumée, viande fumée et fumée de tabac. Viennent ensuite des notes rôties, cuites, grillées. Ces arômes apparaissent dans les grands vins rouges élevés sous bois, tanniques, forts d'un potentiel de garde de plusieurs années. Sévères s'ils s'expriment seuls, ils participent à la typicité de ces vins s'ils sont associés au fruit noir et au gibier. Enfin, les notes de torréfaction du type **café**, **cacao** donnent beaucoup de sève à des vins vieux. Très présents dans les vins doux naturels banyuls ou maury, ces arômes signent aussi les vins secs issus de vendanges mûres, des cépages grenache ou syrah. Le merlot du pomerol apporte parfois des nuances chocolatées.

Les arômes d'évolution dans les vins rouges

Les arômes épicés

La série épicée égaye les notes viandées et grillées. La **vanille**, imposante dans les vins jeunes, se fait de plus en plus discrète. Des arômes comme la **cannelle**, la muscade, le **clou de girofle** prennent le relais. Certains vins méridionaux évoquent fortement les plantes aromatiques : **thym**, **laurier**, origan, sarriette, romarin. Le **poivre** et la **réglisse** sont présents dans les vins de syrah issus des grands terroirs. La **truffe**, à la frontière entre le monde végétal et les épices, apparaît dans les très vieux vins des appellations pomerol, cahors, bandol par exemple.

« Les arômes animaux marquent le début de la formation du bouquet et la complexité du vin. Ils se fondent aux notes grillées issues de l'élevage en fût. »

La bouche

Mettre un vin en bouche, c'est avant tout
apprécier une synthèse de saveurs.
C'est aussi percevoir une structure équilibrée,
distinguer l'attaque, le milieu de bouche et la finale,
sentir les goûts élémentaires, les tanins ou la chaleur alcoolique.
C'est le cœur de l'art de la dégustation.

La bouche

Le goût

On distingue traditionnellement quatre saveurs élémentaires : le sucré, le salé, l'acide et l'amer (il faut désormais y adjoindre la saveur umami qui nous vient du Japon). Cette théorie est à présent jugée trop simplificatrice, mais elle reste pratique pour l'apprentissage. Jusqu'à la fin du XXe siècle, il était d'usage de distinguer des zones spécifiques de la langue capables de déceler ces saveurs élémentaires : le sucré à la pointe de la langue, le salé sur les côtés antérieurs, l'acide sur les côtés postérieurs et l'amer au fond arrière. Les derniers travaux scientifiques ont révélé que les papilles spécifiques étaient en fait réparties sur toute la langue. En revanche, l'amertume ne serait souvent décelée qu'en avalant le vin, lorsque le liquide passe sur l'arrière de la langue.

La sensation olfactive

Cette sensation est perçue par **voie rétronasale**. Portés à température de la bouche, les arômes se développent avec plus d'intensité que par voie directe ; les composés les moins volatils se dégagent alors. Ces « arômes de bouche » sont très importants : bien plus que les simplissimes arômes fondamentaux, ils sont la signature du goût.

La bouche

~ REPÈRES ~

Les saveurs élémentaires

Identifiez les saveurs élémentaires en goûtant des solutions simples. Organisez l'exercice en deux temps et comparez toujours avec un verre d'eau pure. Les solutions doivent être goûtées à l'aveugle. Il est possible de répéter le test en variant l'ordre des verres.

1. Identifier : préparez dans chaque cas des solutions moyennement concentrées.
goût salé : préparez une solution de 2 g/l de sel de cuisine.
goût acide : mélangez 1 g/l d'acide tartrique ou le jus d'un demi-citron.
goût sucré : mélangez 5 g/l de sucre.
goût amer : mélangez 2 mg/l de sulfate de quinine (la quinine se trouve en pharmacie).

2. Percevoir les seuils : pour une saveur, le salé par exemple, préparez des solutions de concentration croissante : 0,2 - 0,4 - 0,7 - 1,5 - 3 g/l. Dans l'ignorance de la saveur, goûtez les verres dans l'ordre. Notez le verre pour lequel vous percevez une sensation (*seuil de perception*), puis le verre pour lequel vous identifiez la sensation (*seuil de reconnaissance*). Cet exercice réalisé avec un groupe d'amis fait ressortir la grande différence de sensibilité à une saveur d'un individu à l'autre. Certains amateurs ne sucrent pas leur café et ce n'est pas uniquement pour garder la ligne !

goût acide : 0,006 - 0,12 - 0,25 - 0,5 - 1 g/l d'acide tartrique.
goût sucré : 1 - 2 - 4 - 6 - 8 g/l de saccharose.
goût amer : 0,6 - 1,2 - 2 - 2,5 - 4 - 5 - 6 mg/l de sulfate de quinine.

La bouche

La sensation tactile

Lors de la dégustation d'un vin rouge, la perception des tanins (et plus précisément de leur astringence) donne une indication sur le grain, la trame, la texture du vin. Cette sensation est directement liée à la fluidité et à la viscosité de la salive : trop de tanins sèchent la bouche.

La sensation thermique

Liée à la température du vin, elle peut cependant être provoquée par la richesse en alcool qui, si elle est excessive, rend le vin chaud.

L'équilibre

L'équilibre d'un vin est fonction des rapports entre les différents constituants chimiques qui le composent.

L'équilibre des saveurs

Le vin contient des corps sucrés, des acides, des tanins, différents sels. Dans la bouche, ces divers éléments se juxtaposent, mais surtout s'additionnent, se renforcent mutuellement ou, au contraire, s'opposent et se neutralisent. L'harmonie d'un vin résulte essentiellement de l'équilibre entre les goûts sucrés d'une part, acides et amers d'autre part. Cela vaut pour tous les vins, y compris les vins secs, car l'alcool a lui aussi une saveur très nettement douce et sucrée. Le sucre s'équilibre non

L'alliance des saveurs

Il est aisé d'étudier comment deux saveurs se renforcent ou se combattent.
Sucre et acide. Comparez une solution acide à 1 g/l et la même solution additionnée de 6 g de sucre. La sensation acide de la seconde est diminuée.
Amer et acide. Comparez la solution acide avec la même solution additionnée de 4 mg de sulfate de quinine. La sensation acide est renforcée.

seulement avec l'acide mais aussi avec l'amertume. Il a également une influence sur les tanins du vin en retardant de quelques secondes la perception de l'astringence et de l'amertume au moment de la mise en bouche.

L'équilibre entre saveurs et arômes

Cet équilibre est le plus important pour le dégustateur. Le cerveau analyse les saveurs perçues par la bouche et les arômes reçus par le nez, puis en fait la synthèse. La qualité aromatique de bouche participe à l'équilibre et au plaisir. Le dégustateur examinera toujours la balance entre deux grandes composantes aromatiques : le fruité et… le reste. Le fruité fait partie des arômes primaires apportés par le cépage et modifiés par la fermentation. Les autres familles aromatiques, selon leur importance et leur nature, vont

~ REPÈRES ~

La chaleur alcoolique

Elle est très facile à étudier : préparez des solutions d'eau et d'alcool neutre de pharmacie en concentrations croissantes : de 8 à 20 % par exemple. Notez la sensation de chaleur et le moelleux, le sucré apporté par l'alcool.

Le moelleux

Le moelleux est la somme des sensations apportées par le sucre, l'alcool et le glycérol. Comparez d'abord de l'eau pure et une solution de 10 g/l de glycérine. Notez la différence de gras et de viscosité en bouche, ainsi que la sensation sucrée apportée par le glycérol. Ajoutez ensuite 15 % d'alcool : le moelleux est augmenté. Ajoutez enfin 10 g de sucre : la sensation moelleuse est à son maximum.

L'astringence

L'astringence est perceptible dans de nombreux aliments : feuilles d'artichaut, aubergines, certaines poires ou prunes, châtaignes crues qui « tirent les gencives ». Préparez une solution avec 0,5 g/l de tanins œnologiques (ces tanins se trouvent en pharmacie). Notez l'impression de dessèchement de la bouche et de structure de la solution. Avec une concentration de 1 g/l, vous percevez la sensation amère due aux tanins.

combattre cette impression fruitée (un vin trop tannique étouffera ainsi son fruit) ou bien s'y allier durablement. Certains grands vins réussissent le prodige de rester fruités tout au long de leur vie, avec une évolution dans la gamme : ils passent en général du fruit blanc ou rouge aux fruits cuits, aux fruits à noyau ou au pruneau sec.

L'équilibre des vins blancs

Les vins blancs secs

L'équilibre d'un vin blanc sec est le plus facile à appréhender, car il ne comporte que deux éléments : l'acidité et l'alcool. On peut inscrire ces sensations sur deux axes perpendiculaires. Le vin est représenté par un point sur le graphique. S'il est situé à la croisée des deux axes, il est équilibré. Mais il faut toujours apprécier un vin par rapport à des critères de typicité.

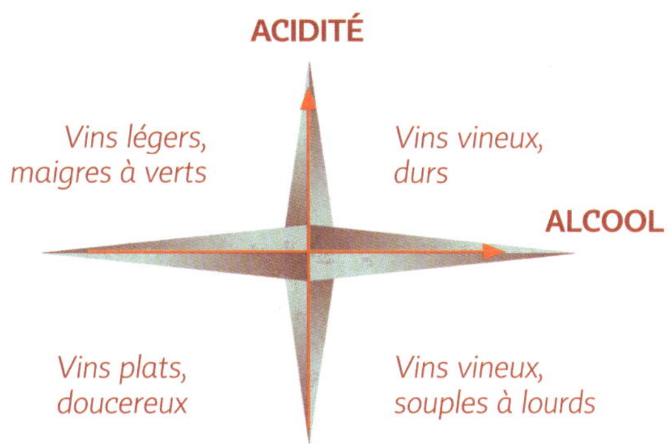

Les vins blancs moelleux

La présence de sucres résiduels dans le vin modifie les équilibres. On peut démontrer que plus le vin est riche en sucre, plus son degré alcoolique doit être élevé pour rester harmonieux et de ne pas tomber dans des notes pâteuses ou doucereuses. Pourtant, certains vins liquoreux allemands présentent peu d'alcool et une grande richesse en sucre. C'est leur forte acidité qui les rend légers, presque aériens. De même, un jurançon sera toujours plus nerveux qu'un sauternes.

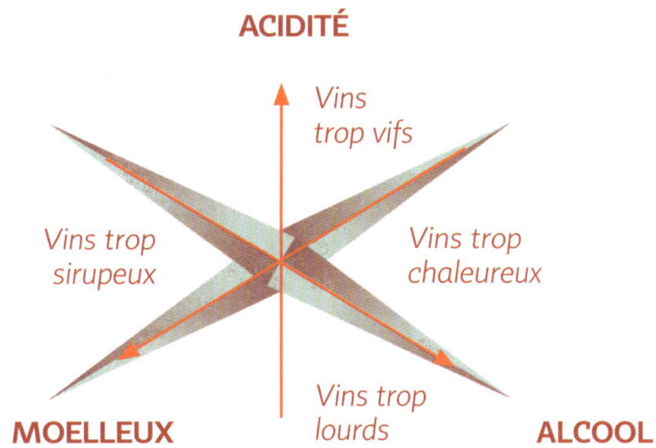

La bouche

L'équilibre des vins rouges

Un vin rouge présente trois axes d'équilibre : l'**acidité** et le **moelleux** comme pour les vins blancs, plus un **axe astringent** dû à sa force tannique. Principalement apporté par son degré alcoolique, le moelleux du vin rouge équilibre la somme de l'acidité et de l'astringence. Un vin dont l'acidité est importante doit être équilibré par un degré alcoolique élevé ; un vin très tannique par une acidité relativement basse et une force alcoolique puissante. Au contraire, nul besoin de beaucoup d'alcool pour équilibrer un vin peu acide et peu tannique.

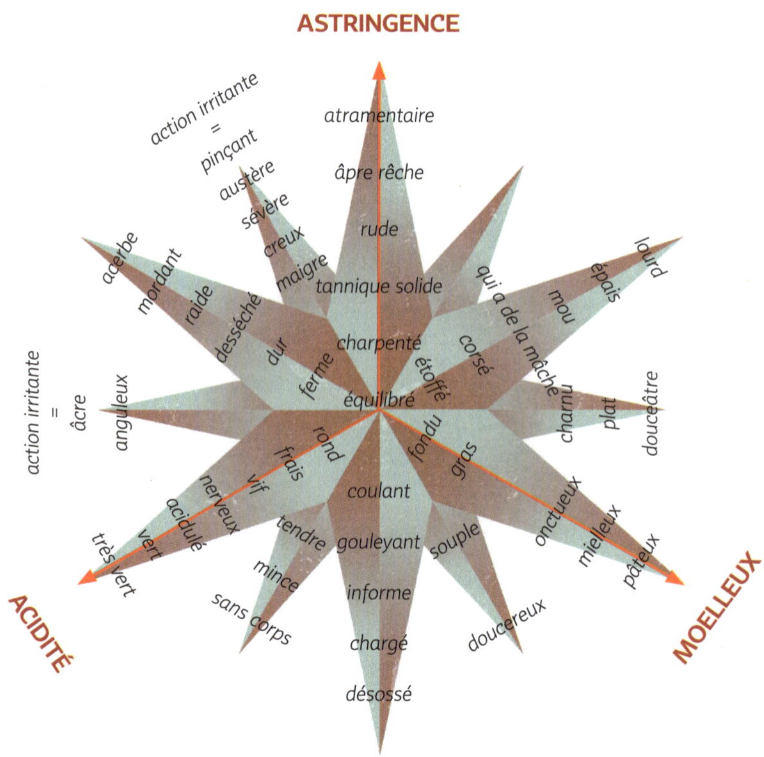

Les étapes de l'analyse

1. Mettez en bouche une petite quantité de vin. Aspirez un filet d'air afin de permettre au vin ainsi chauffé de libérer ses arômes dans la cavité buccale. Le goût sucré, toujours agréable, se fera sentir en premier, pendant les deux ou trois secondes qui correspondent à l'**attaque** lors d'une dégustation.

2. Remuez le vin dans la bouche. Il évolue pendant une douzaine de secondes. Vous percevrez en même temps la température du liquide, sa viscosité, son éventuelle teneur en gaz carbonique et son astringence. Les sensations deviennent par conséquent plus complexes et révèlent des rapports permettant d'apprécier l'harmonie et le volume du vin. C'est le **milieu de bouche**.

3. La **fin de bouche**, ou **finale**, – toujours dominée par le goût des tanins lorsque l'on déguste un vin rouge – dit tout sur la structure du vin, qui doit s'affirmer sans être agressive ou trop rugueuse. L'air chargé des vapeurs de vin qui se trouvent dans la cavité buccale signe « l'arôme de bouche ». Si vous dégustez un grand vin, les sensations durent bien après avoir recraché ou avalé la petite gorgée d'essai : on dit alors que le vin a une persistance appréciable, ou bien qu'il est « long en bouche ». Cette longueur, mesurée en caudalies (c'est-à-dire en secondes), sert à établir la hiérarchie des vins.

RECONNAÎTRE

La persistance aromatique

L'appréciation de la longueur en bouche (persistance aromatique) est la partie la plus difficile de la dégustation. Seule une longue pratique permet de maîtriser ce point d'orgue essentiel à la hiérarchie des vins.

La persistance aromatique

Une signature aromatique

Dans toutes les phases de la dégustation (à l'œil, au nez et en bouche), le vin est bien présent physiquement. Il est devant les yeux, sous le nez ou dans le palais. Au contraire, la longueur en bouche s'apprécie lorsque le vin a été avalé ou simplement craché, c'est-à-dire lorsqu'il n'existe plus. Une attention particulière à cette dernière impression permet d'isoler ce qui différencie le vin des autres produits alimentaires : son pouvoir d'expression évanescent, sa signature.

Une somme de sensations

« Un soir l'âme du vin dansait dans les bouteilles », écrivait Baudelaire. L'âme du vin nous apparaît-elle après que le rideau de la pièce est retombé, comme un ultime salut d'artiste ? La longueur en bouche, que l'on peut également nommer *persistance*, *rémanence*, *fin de bouche* ou *finale*, est la somme de plusieurs sensations. Pour simplifier, nous parlerons de *persistance aromatique intense* (la PAI) et de *longueur structurelle*, ou *arrière-goût*.

La persistance

La persistance aromatique intense est le prolongement des sensations aromatiques perçues lors de la dégustation en bouche. Ce sont vraisemblablement les arômes les plus lourds et les moins volatils qui vont prendre le dessus, les plus légers s'évanouissant en premier. Plus le vin est riche en arômes de bouche, plus il est dense et séveux, plus il va tapisser les muqueuses du palais et donc prolonger l'excitation de nos sens. C'est pourquoi

> *« Pour distinguer la persistance aromatique, comparez différents styles de vin. Les plus grands d'entre eux persisteront en bouche. »*

cette notation est si importante : elle permet de relier directement une mesure sensorielle à la qualité d'un vin.
Avant d'avaler un vin, et après avoir noté son équilibre, imprégnez votre mémoire de sa palette aromatique et fixez votre attention sur l'arôme le plus intense. Après ingestion ou rejet, vous devez suivre cet arôme, sans vous laisser perturber par d'autres sensations, et déterminer le moment où il disparaît : le temps écoulé entre la disparition physique du vin et la disparition de l'arôme correspond à la persistance aromatique intense, dont la mesure peut se noter en *caudalies* (de *caudal*, queue), c'est-à-dire en secondes. Un vin dont la longueur est remarquable fait la roue au palais ou finit en queue de paon, selon l'expression consacrée par les dégustateurs.

La longueur structurelle

Tout cela serait fort simple si ne se plaquaient sur cette perception aromatique d'autres sensations. Pour bien comprendre, il suffit de goûter un vinaigre ordinaire. Quelques gouttes suffiront. L'acidité grinçante, très importante en bouche, reste dans le palais longtemps après rejet du liquide. Il s'agit d'une longueur qui ne concerne que l'acidité, sans perception agréable d'arômes. On parle

~ REPÈRES ~

Comparez un vin blanc (vin de table) ordinaire et un vin d'appellation d'origine contrôlée (en prenant un cépage très aromatique comme le sauvignon à Sancerre). La différence est évidente, la longueur du vin de table est proche de zéro, celle du sancerre peut aller de cinq à huit caudalies, selon sa qualité. En rouge, un vin de table aura une longueur qui ne dépassera pas les deux caudalies. Un cru bourgeois du Bordelais laissera apparaître une longueur aromatique axée sur les fruits rouges et les épices. L'étape suivante consistera à déguster le même cru bourgeois parallèlement à un premier cru ou à un cru classé.
Si l'arôme de la finale pourra être de même nature, sa persistance, en caudalies, sera à l'avantage du cru classé. Sauf cru bourgeois exceptionnel (quelques-uns surpassent bien des crus classés) ou cru classé déficient (il y en a parfois, hélas), la hiérarchie sera respectée.

La persistance aromatique

alors de longueur structurelle ou d'arrière-goût. Cette longueur cesse lorsque la salivation redevient normale. Pour le vin, la sensation procurée par l'acidité, la chaleur alcoolique, la puissance astringente des tanins, l'amertume, voire la richesse en sucre, peut perdurer en bouche sans que cela soit pris en compte dans la notion de qualité. Ces impressions se prolongent d'ailleurs plus longtemps que la persistance aromatique intense. Des vins trop alcooleux ou trop tanniques, dont les excès envahissent la bouche, ne doivent pas être pris pour des vins « longs ». Ils accèdent à cette qualité grâce à leur seule faculté aromatique. La qualité des tanins, pour un vin rouge, est essentielle. Des tanins mûrs donneront une saveur persistante agréable qui peut venir renforcer la persistance aromatique. Des tanins verts, amers, végétaux ou trop boisés viendront l'annihiler. Un vin déséquilibré en bouche ne pourra jamais accéder au rang de la longueur.

« Ce sont vraisemblablement les arômes les plus lourds et les moins volatils qui vont prendre le dessus, les plus légers s'évanouissant en premier. »

Persistance aromatique intense (PAI)

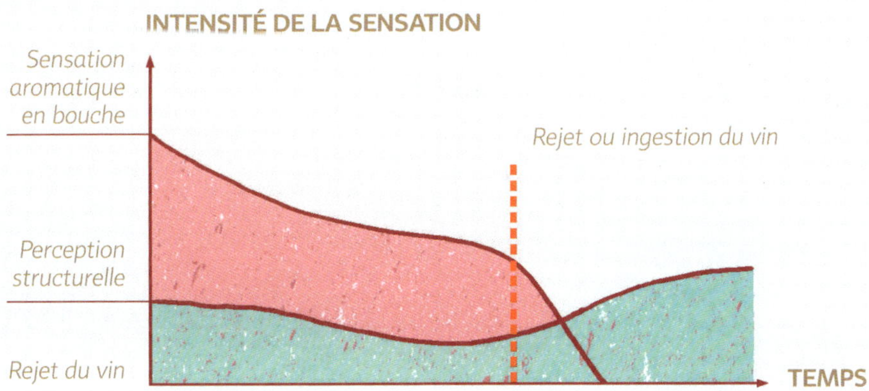

RECONNAÎTRE

Les défauts du vin

Au cours des trois étapes de la dégustation (l'œil, le nez, la bouche), un vin révèle toute l'histoire de son élaboration et de sa vie en bouteille. Parfois, il a connu bien des tourments et en garde la trace…

Les défauts du vin

À l'œil

L'observation de la robe apporte un verdict impitoyable. Les *casses* sont des précipitations qui troublent le vin ; elles portent le nom de l'élément qui précipite : le cuivre, le fer, les protéines (casses protéique, ferrique ou cuivrique). Les défauts visuels (limpidité, éclat, brillance) ne sont plus très fréquents. C'est aujourd'hui le manque d'intensité colorante qui prédomine, dû à des rendements excessifs, à des vendanges insuffisamment mûres ou à des vinifications précipitées, parfois par manque de cuves dans le chai lors d'une récolte abondante.
La teinte, ensuite, permet de constater les signes d'une évolution (vieillissement) prématurée d'un vin. Sa constitution et les conditions de sa conservation en bouteille peuvent parfois en être la cause : une cave trop chaude ou soumise à de grands écarts de température accélère le vieillissement du vin, qui peut alors revêtir précocement une couleur tuilée.

Le dépôt

Que le sommelier présente une bouteille cachant en son fond un dépôt et le client fronce les sourcils. Pourtant, ce n'est nullement du sucre, mais tout simplement des cristaux de tartre dans les vins jeunes, de la matière colorante et des tanins dans les vins âgés. Ces dépôts sont parfaitement naturels et n'altèrent en rien la dégustation si l'on prend soin de les éliminer par décantation. Au contraire, leur absence est inquiétante, car elle prouve que le vin a été traité pour les éviter.

Au nez

Les défauts qui affectent le nez sont plus courants. Ils peuvent provenir d'une matière première qui manque de maturité ou d'une altération de la vendange par la pourriture grise, mais ils sont le plus souvent provoqués par la vinification et l'élevage.
L'acidité volatile qui, autrefois, empoisonnait jusqu'aux grands vins n'est pratiquement plus qu'un mauvais souvenir et les vins piqués ont disparu. Les principaux défauts ont trait à l'oxygénation du vin : trop faible, le vin prend des arômes de

réduction ; trop forte et ce sont les arômes d'*oxydation* qui s'imposent définitivement. Les mauvaises conditions d'élevage créent encore fréquemment des odeurs de *moisi*, de *croupi*, qu'il ne faut pas confondre avec les odeurs de bouchon.
Depuis, quelque temps, un nouveau défaut est apparu : certains produits de traitement des bois de charpente ou des palettes de stockage, des trichloro-anisoles ou TCA, sont capables d'infester les chais et de contaminer les vins en bouteille. Le seul remède est de jeter les palettes ou de reconstruire le chai. Certains de ces défauts olfactifs peuvent être atténués par aération et décantation. D'autres, malheureusement, sont irrémédiables.

En bouche

Les défauts affectant le goût font basculer l'équilibre vers l'extrémité d'un axe gustatif. Un vin trop alcoolisé provient d'un raisin qui a peut-être dépassé son optimum de maturité ou, le plus souvent, d'une chaptalisation coupable ; la *chaptalisation*, du nom du chimiste Chaptal, consiste à ajouter du sucre au moût de raisin pour obtenir, après fermentation, un degré alcoolique plus élevé. Cet ajout est réglementé selon les pays et les régions, et ne doit pas dépasser des limites bien précises. Malgré ce garde-fou, la chaptalisation à outrance est responsable de bien des déséquilibres.

Zéro défaut…

Le zéro défaut en matière de vin ne suffit pas à apporter la qualité, mais engendrerait plutôt, de manière paradoxale, l'ennui. Car, à trop vouloir enfermer le vin dans un cadre technologique, on risque de ne produire qu'un simple aliment sans âme. L'éradication des mauvais goûts, d'odeurs anormales ou de défauts d'équilibre est légitime et nécessaire, mais il ne faut pas que la purification décape le caractère.

RECONNAÎTRE

Les défauts du vin

Un excès d'acidité vient en général d'une vendange trop verte. Un excès tannique est dû à un défaut de maturité du raisin, à une vinification trop extractive ou à un boisage disproportionné. Au contraire, un vin peut manquer de chaleur, de nerf ou de structure, c'est-à-dire d'harmonie et d'équilibre.

« Lorsque le bouchon de liège est altéré par des moisissures, il lègue au vin une odeur végétale désagréable : le goût de bouchon. »

Le goût de bouchon

Les arômes et goûts de bouchon traduisent une véritable altération que l'on ne découvre qu'à l'ouverture de la bouteille. Dus aux moisissures du liège ou aux produits de traitement des bouchons, ils s'apparentent aux goûts de moisi ou de vieille barrique. On pourra s'exercer à faire la différence entre le vrai goût du liège, ligneux et végétal, et le mauvais goût de bouchon, en sentant un bouchon sain et un bouchon défectueux. Aucun vin, même le plus prestigieux, n'est à l'abri d'un tel accident.

DÉGUSTER

Les vins blancs

La dégustation des vins blancs est relativement facile. L'équilibre ne dépend que de deux facteurs : l'acide et la composante alcool-moelleux. Les vins blancs peuvent être élaborés pour être consommés jeunes, sur leurs arômes primaires, variétaux ou fermentaires, ou bien pour vieillir longtemps en bouteille. Les techniques de vinification sont ainsi adaptées à la vocation du vin.

Les vins blancs

À l'œil

- Un vin blanc doit être limpide et éclatant. Clair et transparent, il laisse impitoyablement paraître toute impureté. Parfois un léger dégagement de gaz carbonique se traduit par une perle plus ou moins fine.
- Le disque doit être exempt de particules qui surnagent, mais il doit surtout présenter de l'éclat.
- L'intensité colorante est très variable dans les vins blancs ; elle dépend des cépages et, plus encore, des modes de pressurage et de vinification. Un vin blanc sec très pâle, presque incolore, provient souvent d'une vinification technologique. Un vin à la robe plus soutenue peut être issu d'une fermentation en barrique. Au début de sa vie, une légère composante bleue donne des reflets verts au vin blanc. Vous observerez des couleurs jaune citron, jaune-vert, jaune paille.

À mesure qu'il vieillit, une composante marron lui donne des notes dorées : bouton d'or, topaze, vieil or. Lorsque la composante marron prend le dessus, vers la fin de la vie du vin, vous trouverez des teintes rousses, ambrées, brunes ou acajou qui sont un signe de madérisation avancée.

Au nez

Un vin blanc doit avant tout être aromatique, ce que traduit l'intensité du nez : de faible à intense, de discret à développé, de modéré à bouqueté. Un nez expressif indique à la fois une belle intensité et une palette aromatique complexe. Étudiez lors d'une approche générale la finesse, l'harmonie et la complexité des arômes, puis procédez à l'analyse olfactive proprement dite, celle qui identifie les odeurs ou, à défaut, les familles d'arômes.

“ L'ugni blanc est un cépage assez neutre, tandis que le gewurztraminer possède un fort potentiel aromatique. ”

Les vins blancs

En bouche

La dégustation d'un vin blanc s'analyse suivant deux axes : l'acidité et la sensation moelleuse.

L'acidité

Elle apporte la **fraîcheur** et rend le vin désaltérant. Le gaz carbonique présent dans le vin renforce cette sensation, avec parfois un picotement sur la langue lorsque le vin est perlé, perlant, moustillant. On dira qu'un vin est vif, nerveux ou frais. Mais l'acidité ne doit pas être trop prononcée, au risque de rendre le vin trop vert, dur, mordant ou même grinçant, voire raide.
À l'opposé, un manque d'acidité le fera paraître *plat*, *mou* ou *flasque*, *sans relief*.
Les vins blancs qui effectuent leur fermentation malolactique perdent de l'acidité et le côté grinçant de l'acide malique, mais leur gamme aromatique s'en trouve modifiée. Citons les bourgognes blancs, les vins suisses et certains champagnes.

Le moelleux

Pour un vin sec, le moelleux est représenté par l'alcool, le glycérol et quelques très rares sucres résiduels. Le vin est qualifié d'aimable, souple, **tendre**, fondant, **gras**, **suave**. Tout est affaire d'équilibre entre deux tendances qui s'opposent. Cet équilibre doit se juger dès l'attaque, puis lors du développement du vin, enfin à la finale ; il ne serait rien sans une richesse aromatique, perçue par voie rétronasale et révélée par la température du vin qui s'élève dans le palais. Là encore, le type de vin dégusté impose un équilibre modèle : on ne recherche pas la même acidité dans un vin blanc de côtes-du-rhône que dans un jurançon. La notion même de vin sec varie selon les pays. Si en France la quantité de sucre résiduel est très basse, moins de 2 g/l, en Allemagne, un vin dit « sec » en renferme beaucoup plus. Cette **richesse en sucre** masque une acidité très importante : ce vin paraîtra acidulé. La longueur d'un vin blanc est plus facile à percevoir que celle d'un vin rouge, car elle n'est pas masquée par la sensation tannique. Aussi, après avoir recraché ou avalé le vin, suffit-il de fermer les yeux et de le laisser « vivre » dans le palais. Une dégustation virtuelle en quelque sorte.

L'expression...

• Du cépage

Certains cépages, comme le muscat, le sauvignon, le riesling ou le gewurztraminer, produisent des raisins au fort potentiel aromatique. Dans ce cas, une simple vinification classique suffit à exprimer la puissance des senteurs variétales. D'autres cépages, comme le chardonnay ou la marsanne, sont moins riches en arômes variétaux, mais leur pellicule délivre de nombreux précurseurs d'arômes. Ils ne dévoileront leur potentiel qu'après fermentation et élevage. Ce sont souvent ces cépages qui produisent des vins blancs de longue garde. Enfin, d'autres, plus neutres, ne peuvent compter que sur des pratiques technologiques pour donner des vins dont le seul mérite réside dans leurs caractères fermentaires. Tel est le cas de l'ugni blanc.

• De la vinification

Quelle que soit la destinée du vin blanc, à boire jeune ou à garder, le raisin doit être ramassé soigneusement, puis transporté jusqu'au pressoir sans être écrasé, pressuré le plus doucement possible et débourbé. Les opérations de vinification connaissent quelques variations en fonction du vin à produire : les vins blancs à boire jeunes sont généralement élevés en cuve, la barrique étant réservée à l'élaboration de vin de garde.

• Le levurage

Rares sont les vins blancs élaborés avec leurs levures indigènes. On distingue les levures dites « aromatiques », qui renforcent les caractères du vin, et les levures plus neutres qui respectent la matière première.

• La température de vinification

Conduite à très basse température, la vinification favorise la prééminence des arômes des levures, ce qui crée une palette aromatique dominée par la famille fermentaire et amylique. Vinifiés à température plus élevée, les raisins expriment les qualités propres du cépage et donnent un vin plus véridique, quoique peut-être moins commercial.

• La fermentation malolactique

Elle est généralement évitée lorsque l'on souhaite préserver les caractères de jeunesse d'un vin.

Les vins blancs

• De l'élevage sur lies

On appelle « lie » la matière visqueuse qui se dépose au fond de la cuve ou du tonneau après la vinification. Les lies les plus grossières, dites grosses lies, sont séparées du vin : c'est l'opération du *soutirage*. Elles risqueraient d'altérer le vin fini. En revanche, les lies fines peuvent être conservées pendant l'élevage comme dans le muscadet-sèvre-et-maine sur lie ou le gros plant du pays nantais. Le vinificateur peut procéder au *bâtonnage* régulier du vin, c'est-à-dire qu'il remet les lies en suspension en remuant le contenu de la barrique. Cette technique, classique en Bourgogne, renforce *le gras et la complexité des vins.*

• De l'élevage

Lorsque l'on garde un vin blanc sur ses lies, on s'attache à préserver les arômes primaires (P. 61 et 68) du fruit et sa fraîcheur, tout en maintenant dans le vin un taux de gaz carbonique (p. 17) qui participe à la sensation de nervosité.

• De la vendange mûre

Un raisin récolté avant maturité possède des caractères très variétaux, avec des notes herbacées. Il ne donnera que des vins à boire jeunes, sur leur fraîcheur. Le même raisin récolté mûr dévoilera des arômes plus fruités et développera, après vinification, des nuances plus complexes. En cas de surmaturité, les arômes « brûlent » et disparaissent pour laisser place aux caractéristiques du passerillage.

~ REPÈRES ~

La macération pelliculaire

Les précurseurs d'arômes sont tapis dans la pellicule du raisin. Un contact plus ou moins prolongé du jus avec les peaux avant le début de la fermentation libère ces précurseurs et renforce ainsi le potentiel aromatique du raisin. Il s'agit de fouler légèrement les baies et de les laisser macérer à froid pendant quelques heures.

Les vins blancs

Séries aromatiques des vins

SÉRIES	ARÔMES	VINS
Végétale 	• Herbe fraîche, foin, feuille verte • Infusion, tisane, feuille morte • Buis, lierre, fougère • Thé, tabac • Sous-bois, champignons	• Vins jeunes, récoltés tôt, chenin • Chardonnay • Sauvignon • Vins élevés sous bois • Vins vieux
Végétaux aromatiques 	• Menthe, thym, anis, truffe	• Rolle, clairette, jurançons secs, vins du sud de la France
Florale 	• Acacia, églantine, chèvrefeuille bruyère, genêt • Violette, iris, aubépine, rose,	• Chardonnay • Cépages aromatiques, riesling, gewurztraminer, viognier
Fruitée - fruits à chair blanche 	• Pomme, pêche, poire • Melon, abricot	• Mauzac, marsanne, sémillon • Vins liquoreux, muscat
Fruitée - agrumes 	• Pamplemousse, citron, orange écorces d'agrumes, cédrat	• Sauvignon, vins liquoreux
Fruitée - fruits exotiques 	• Litchi, ananas, mangue • Coing	• Manseng, sauvignon • Chenin, vins liquoreux
Fruitée - fruits secs 	• Noix, noisette, amande	• Vieux chardonnay, marsanne, vins du Jura
Épicée 	• Cannelle, vanille, girofle	• Vins élevés en barrique

Les vins blancs

Séries	Arômes	Vins
Boisée et balsamique 	• Chêne, balsa, cèdre, pin, résine, eucalyptus	• Vins élevés en barrique
Empyreumatique	• Fumé, grillé, tabac, caramel	• Vins élevés en barrique, liquoreux
Minérale	• Pierre à fusil, naphte, mine de crayon	• Sauvignon, riesling
Fermentaire 	• Levure, mie de pain, brioche, beurre, yaourt, bonbon anglais, vernis	• Vins élevés sur lie, champagne, fermentation malolactique récente, vins technologiques
Chimique	• Soufre • Alcool, œuf pourri • Iode	• Trop de soufre • Réduction • Manzanilla
Miel-confiserie 	• Miel, praline, pâte d'amandes, • Cire d'abeille, encaustique	• Vins moelleux, liquoreux, vins vieux

DÉGUSTER

Les vins blancs jeunes

Les vins blancs jeunes flattent les sens du dégustateur par leur fruité et leur fraîcheur, mais aussi par l'équilibre entre les sensations de moelleux et d'acidité. Faciles à identifier, ils permettent au débutant de trouver ses repères.

Les vins blancs jeunes

À l'œil

Un vin blanc possède en général une couleur pâle. Néanmoins, la mode influence le vinificateur et l'on a pu voir apparaître des vins aussi incolores que de l'eau. Aujourd'hui, on assiste à un juste retour au bon sens, avec des robes de couleur paille, dont le reflet vert plus ou moins prononcé est la signature des vins blancs jeunes.

Au nez

On retrouve dans la palette des vins blancs jeunes les grandes familles aromatiques.

Série végétale

Herbe fraîche, **foin coupé**, fougère, **bourgeon de cassis**, buis. Certains vins peuvent exprimer des senteurs de plantes infusées, comme le tilleul et la verveine, ou de plantes aromatiques comme l'anis, la lavande ou le fenouil.

Série florale

acacia, chèvrefeuille, **rose**, œillet, fleurs des champs, genêt, fleur de tilleul, citronnelle, **jasmin**.

Les vins blancs jeunes

Série fruitée
dominante de fruits blancs (**pomme**, **poire**, **pêche** blanche, **abricot**, coing).

Série fermentaire
banane, levures, **bonbon anglais**, **mie de pain**, **brioche**.

Série épicée
Badiane, **clou de girofle**, **poivre** (à un moindre degré).

Quelques vins blancs à boire jeunes

France : gaillac, vins de Provence, vins du Languedoc, côtes-du-rhône, condrieu, alsace-sylvaner, alsace-pinot blanc.
Afrique du Sud : chardonnay.
Allemagne et Autriche : silvaner, riesling kabinett, pinot blanc.
Californie : chardonnay.
Chili : chardonnay.
Espagne : rioja, rias baixas, penedès.
Italie : orvieto, soave, veneto, friuli, frascati, est ! est ! est !
Luxembourg : riesling.
Nouvelle-Zélande : sauvignon.
Portugal : vinho verde.
Suisse : fendant du Valais.
Slovénie : chardonnay.
Ukraine : aligoté, sauvignon.

Les vins blancs jeunes

En bouche

On distingue deux sortes de vins blancs selon leur équilibre. Certains tendent vers une acidité assez prononcée ; ce sont souvent des vins issus des régions septentrionales. Leur fraîcheur naturelle fait ressortir leur fruité. Leur finale est très désaltérante. Les vinificateurs rétablissent parfois l'harmonie en gardant quelques sucres résiduels, comme en Alsace, ou en procédant à une fermentation malolactique **(p. 62 et 104)**, comme en Bourgogne. Les vins des régions méridionales manquent parfois d'acidité. Plus mous, moins désaltérants, ils valent néanmoins par leur gras et leur volume en bouche. Ce sont des vins bâtis pour les plats épicés de leur région d'origine et non des vins de soif. Grâce à un élevage sur lies, ils peuvent gagner un côté perlant.

« Herbe fraîche, fruits blancs, fleurs… Les vins blancs jeunes expriment une profusion d'arômes variétaux. »

DÉGUSTER

Les vins blancs de garde

Les vins blancs aptes à affronter le temps ne sont pas nombreux. Cependant, lorsqu'ils ont assez de force et d'équilibre, ils gagnent en vieillissant des arômes originaux et fondent leurs diverses composantes en un ensemble complexe.

Les vins blancs de garde

À l'œil

La robe d'un vin blanc évolue assez rapidement avec l'âge. Les reflets verts de sa jeunesse disparaissent peu à peu pour laisser place à une composante dorée. Toute les nuances de l'or se déclinent au fil du temps : de l'or pâle au vieil or, avec des reflets qui peuvent se cuivrer.

Au nez

Les arômes primaires du vin blanc cèdent peu à peu la place au bouquet, les caractères variétaux s'estompent, ainsi que les arômes issus de la fermentation, pour céder la place à des arômes d'évolution. Il est d'ailleurs intéressant de constater que les arômes évoluent dans leur série comme dans leur nature. Par exemple, un arôme de rose dans le gewurztraminer évolue vers la rose fanée, puis vers les fleurs séchées. Un arôme d'abricot passe du jeune fruit frais à l'abricot mûr, puis à l'abricot sec.

La série végétale se fixe sur des notes d'herbe sèche, de tabac, d'infusion, de feuilles mortes. La série fruitée s'oriente vers les fruits secs, la banane sèche, la **noix**, la **noisette**, l'amande grillée. La série épicée est très présente, avec des notes de **cannelle**, de **vanille**, de muscade, d'ambre et de musc. Elle peut prendre parfois des accents de truffe, ultime récompense d'une dégustation mémorable. Mais le point commun de tous les vins blancs évolués est bien la note de cire qui peut aller jusqu'à l'encaustique et qui apparaît quels que soient les arômes initiaux.

En bouche

Très bien constitués au départ, avec de la puissance, de la concentration et de la vivacité, les vins fondent leurs caractères au cours du temps. Généralement, les vins blancs les plus acides dans

Les vins blancs de garde

leur jeunesse parviennent à apaiser cette nervosité avec les années. Dans d'autres cas, le vin redevient plus acide encore et se décharne : il a atteint ses limites de longévité. De même, les arômes d'oxydation doivent rester discrets et s'intégrer aux autres éléments aromatiques du vin. Un vin blanc âgé vit donc sur la corde raide ; son équilibre peut basculer dans un sens ou dans un autre à la moindre occasion.

Des vins blancs secs aptes à la garde : les cépages

Marsanne et roussanne

Les vins blancs de l'hermitage comptent parmi les vins français qui savent traverser le temps avec le plus de vigueur. Ces vins vieillissent bien non pas grâce à leur acidité – qui est assez basse –, mais grâce à leur force et à leur concentration. Les vins de marsanne, **épicés** et **miellés** au départ, prennent une belle complexité, axée sur la gamme des fruits secs.

Le rôle de la barrique

Dépourvu de tanins, un vin blanc se trouve désarmé face aux menaces de l'oxydation et aux divers outrages que le temps ne manque pas de mettre sur sa route. Pour affronter l'épreuve de la garde, il ne peut compter que sur la force et la densité de sa matière et, surtout, sur son acidité, seul caractère capable de bloquer toute attaque bactérienne. L'apport des tanins de la barrique comble l'éventuelle faiblesse tannique du vin. Au cours de cet élevage bien particulier, le vin blanc subit une légère phase oxydative. Il est ensuite remis dans un milieu réducteur, la bouteille, où il entame sa vie de vin de garde.

Les vins blancs de garde

Riesling

À la fois vifs et tendres, les vins de riesling savent vieillir avec élégance. Floraux et épicés au départ, les arômes s'orientent ensuite sur la célèbre note minérale de pétrole qui ne doit pas être considérée comme un défaut.

Chenin

Les vins de chenin, en particulier les savennières dans la Loire, sont peut-être les plus aptes à une très longue garde. Bien soutenus par leur acidité (parfois déséquilibrée dans leur jeunesse), ils traversent les âges sans prendre une ride. Peu aromatiques au départ, ils expriment au fil du temps des arômes de fleurs séchées, de tisane, de fruits secs et de miel dans des palettes très délicates.

Chardonnay

Les grands vins blancs de Bourgogne vieillissent avec grâce. Vinifiés et élevés en barrique, enrichis de leurs lies et des arômes du bois, ils ont assez de force et de sève pour résister au temps. Ils prennent alors d'inimitables arômes de fruits secs, d'amande, de noisette, de fleurs fanées et d'infusion (tilleul ou verveine). Les notes miellées apparaissent ensuite pour arrondir et adoucir une palette aromatique parmi les plus racées.

Viognier

Peu vif au départ, d'une structure gracile, le vin de viognier, qui atteint sa meilleure expression en condrieu, se révèle étonnamment résistant et développe une palette harmonieuse de fruits secs et de cire, d'épices et de tabac. La bouche reste longtemps ronde et charnue.

Sauvignon et sémillon

Dans les vins blancs secs des Graves, le couple sauvignon – sémillon fonctionne à merveille. Si le sauvignon laisse parler son exubérance de jeunesse, le sémillon sait prendre le relais lorsque l'impétuosité de son compagnon s'émousse avec le temps. Arrivent alors ses inimitables notes miellées, épicées qui se fondent avec le fruit du sauvignon.

« Les arômes végétaux évoluent des notes fraîches aux nuances de tabac et de sous-bois, lors du vieillissement du vin. »

DÉGUSTER

Les vins rouges

La dégustation des vins rouges est un exercice difficile,
mais les récompenses sont nombreuses :
couleur, arômes, structure et tanins veloutés.
En respectant quelques étapes clés,
vous vous familiariserez avec leurs caractères
et apprécierez leur analyse.

Les vins rouges

À l'œil

La simple observation de la couleur renseigne sur la jeunesse du vin, sa concentration et son gras. Après avoir jugé de la brillance et de la limpidité du vin, examinez le disque avec une vue plongeante sur le verre. La surface du vin doit être brillante, exempte de particules flottantes. Sur les bords, vous pouvez repérer les nuances qui se superposent à la teinte générale, dont les premiers signes d'évolution.
L'intensité peut être qualifiée de *faible* à *intense*, en passant par *légère*, *claire*, *soutenue*, *foncée*, *profonde*. Par exemple, un vin jeune de syrah ou de cabernet-sauvignon à faible intensité colorante indique une vendange délayée par des pluies et de hauts rendements, ainsi que de très courtes cuvaisons. C'est un défaut flagrant. Au contraire, la même intensité pour un pinot noir ou un gamay est considérée comme parfaitement normale.
Les vins rouges jeunes ont des teintes violacées avec une nette composante bleue. Celle-ci décline avec le temps jusqu'à disparaître pour être progressivement remplacée par une composante jaune. Le vin prend alors une teinte *violette*, *brique* puis *brune* (p. 52). Cette nuance brune trahit l'âge avancé d'un vin ou une conservation dans de mauvaises conditions.
Examinez enfin les larmes du vin qui coulent sur le verre pour juger de la richesse en alcool, en glycérol et en sucres résiduels.

Les vins rouges

Au nez

Après avoir perçu les arômes les plus évidents, agitez le vin dans un mouvement rotatif pour oxyder et débusquer les arômes cachés. L'intensité aromatique est la première impression à étudier. Un vin est fermé si les arômes ne s'expriment qu'avec retenue. De très grands vins rouges passent par cette phase ingrate, fort heureusement passagère. Procédez ensuite à l'analyse des différentes composantes aromatiques. Notez enfin l'évolution du nez au cours du temps en revenant sur les verres à la fin de la dégustation.

Les vins rouges

En bouche

Les vins rouges doivent être analysés suivant trois axes : l'*acidité*, la *sensation moelleuse* et les *tanins*. Jugez d'abord l'attaque, première impression en bouche, qui pourra être fuyante ou franche, puis le développement en bouche et la finale. À ces trois stades, le vin rouge peut être comparé à une charpente plus ou moins bien bâtie. C'est le squelette du vin. Sur ce squelette s'accroche une chair, une consistance. C'est la matière du vin. Cette matière développe des arômes de bouche perçus par voie rétronasale. Ces derniers peuvent être différents de ceux identifiés par voie directe car le vin, dans la bouche, est porté à quelque 30 °C et libère ses substances les moins volatiles.

À chaque stade, analysez l'équilibre entre la sensation **acide**, la sensation **moelleuse** et surtout la sensation **tannique**. Cette dernière est perçue de façon tactile, par la langue et les gencives. C'est une composante astringente dont la faiblesse comme l'excès sont des défauts, mais dont la qualité est un signe de grandeur pour un vin rouge. Vous pouvez trouver une force tannique assez faible mais avec un grain sec ou, au contraire, une force tannique imposante avec un grain fin. La maturité du raisin, la bonne conduite des extractions pendant les vinifications, les élevages longs mais sans excès dans un bois de qualité sont favorables à ces impressions veloutées.

La sensation moelleuse dans un vin rouge est la somme des sensations alcoolique et glycérinée qui sont toujours perçues d'une manière positive. Dans une dégustation comparative,

(Suite page 122)

« *Les vins rouges doivent être analysés suivant trois axes : l'acidité, la sensation moelleuse et les tanins.* »

L'expression de la vinification

Les divers caractères des vins rouges sont fortement influencés par le mode de vinification, notamment dans leur jeunesse.

• L'égrappage

Cette opération consiste à séparer totalement ou partiellement les baies de la rafle. Les tanins de la rafle étant en général plus herbacés que ceux du raisin, l'élimination de cette partie de la grappe donne des vins plus souples. Les cépages plus légers en tanins comme le pinot noir peuvent gagner à conserver une certaine proportion de rafles.

• Le foulage

Il s'agit de faire éclater les baies de raisin ou de libérer le jus et de le mettre en contact avec les pellicules. Partiel ou total, le foulage doit être conduit avec délicatesse pour ne pas briser les pellicules et les pépins. Dans le cas d'une macération carbonique, la vendange n'est pas foulée.

• La fermentation alcoolique

On distingue deux facteurs déterminants pour le style de vin.

- *La température.*

Si elle est volontairement maintenue assez basse, c'est le fruité du vin qui est privilégié. À température plus élevée, ce sont les anthocyanes (p. 16) et les tanins qui sont extraits en quantité. Le vinificateur obtient ainsi des vins de garde.

- *L'intensité et la durée de l'extraction.*

L'extraction consiste à mettre en contact jus et parties solides. Les remontages, en Bordelais, consistent à arroser le chapeau de marc avec le jus repris au bas

Les vins rouges

de la cuve. Le pigeage, en Bourgogne, consiste à enfoncer le chapeau dans le jus, autrefois avec les pieds, désormais avec des vérins. De la fréquence des remontages ou du pigeage dépend la concentration du vin en tanins. Enfin, la durée de cuvaison permet une extraction plus ou moins intense des matières tanniques.

• Vin de goutte ou vin de presse

À l'écoulage de la cuve, on recueille le vin de goutte, la partie liquide, et l'on déverse le marc dans un pressoir. On en tire le vin de presse, plus coloré, plus chargé en tanins, plus agressif. Suivant la qualité de ce vin de presse et la volonté du vinificateur de corser plus ou moins son vin, une certaine proportion sera ajoutée dans le vin de goutte.

la force alcoolique est bien souvent un facteur déterminant, au détriment des sensations acides ou tanniques qui peuvent parfois agresser un palais non averti ou fatigué par une longue série d'échantillons. Gardez-vous de tomber dans ce travers : la force alcoolique est peut-être flatteuse mais ce n'est jamais un élément de finesse, ni d'équilibre. En revanche, ce que l'on nomme « la trame », la sensation tactile qui prend en compte la maturité des tanins, est un élément qui doit faire la différence entre les vins rouges et permettre de dégager une hiérarchie qualitative, complétée par la notion de longueur en bouche.

La longueur, sensation aromatique qui persiste en bouche après que l'on a avalé ou craché le vin, est le point d'orgue de la dégustation. Notez la durée de cette sensation.

Les vins rouges

Séries aromatiques des vins rouges

Séries	Arômes	Vins
Végétale 	• Bourgeon de cassis • Poivron • Tabac • Champignons • Truffe	• Syrah, fer-servadou • Cabernets • Vins élevés en barrique • Vins plus âgés • Pomerol, cahors
Florale 	• Rose, violette, pivoine	• Vins jeunes, pinot, gamay, cot
Fruitée  	• Fruits rouges • Fruits noirs • Fruits à noyau • Fruits secs	• Vins jeunes • Vins récoltés très mûrs, vins des régions méridionales, syrah, tannat, mourvèdre • Vins plus évolués, pinot • Indique un début d'oxydation
Épicée * 	• Cannelle, vanille	• Vins élevés en barrique
Boisée * 	• Chêne, balsa, eucalyptus	• Vins élevés en barrique
Empyreumatique * 	• Cacao, pain grillé	• Tannat, grenache, mourvèdre
Animale ** 	• Jus de viande, cuir, gibier	• Vins évolués, grenache, mourvèdre

* Ces trois séries se trouvent dans des vins élevés en barrique ou issus de la syrah, des cabernets et du merlot très mûrs, du mourvèdre et du tannat.

** Cette série peut disparaître à l'aération. Il s'agit alors d'une réduction passagère. Si le côté venaison est trop prononcé, il s'agit d'un défaut.

DÉGUSTER

Les vins rouges jeunes

Un vin rouge jeune est marqué à la fois
par son fruité juvénile et par l'impétuosité de ses tanins.
Selon qu'il a été bâti pour une consommation rapide
ou pour la garde, il donne un plaisir immédiat
ou une promesse d'avenir.

Les vins rouges jeunes

À l'œil

Un vin jeune doit être limpide et brillant. Mais son intensité colorante est très variable d'une appellation à l'autre. Du rouge léger d'un beaujolais nouveau à la robe sombre d'un jeune côte-rôtie, la gamme est infinie. Dans un vin rouge jeune, la composante bleue, voire violette, est toujours dominante. Selon les cépages qui entrent dans l'assemblage du vin, les teintes peuvent être cerise, groseille, framboise, et aller jusqu'aux nuances pourpres, cassis, grenat, violettes, encre. Le disque ne comporte en général aucun signe d'évolution, sauf en cas de vieillissement prématuré. C'est dans cette frange que la composante bleue est la plus perceptible.

Au nez

• Dans un vin jeune, les arômes variétaux sont encore à l'honneur, alliés aux arômes fermentaires. Suivant le type de vin, se manifeste en premier la série florale ou la série fruitée. Les senteurs de **pivoine**, de **violette**, de rose se mêlent à celles de fruits rouges comme la **groseille**, la cerise, la **fraise**, la framboise, la griotte,

Les vins rouges jeunes

le cassis, la mûre ou la **myrtille**. La macération carbonique (p. 77) fait naître des arômes amyliques comme le bonbon anglais ou la **banane**.

• Un vin rouge jeune destiné à une longue garde présente des arômes fort différents. L'intensité aromatique peut être faible, voire masquée. Loin d'être un défaut, cette phase fait partie de la vie du vin. La gamme aromatique est parfois enrichie de notes épicées, balsamiques, réglissées ou **poivrées**. Les vins rouges de garde étant bien souvent élevés en barrique, les arômes de bois, de vanille, de **cèdre**, de pain grillé se superposent à l'ensemble.

Quelques vins rouges à boire jeunes

France: beaujolais, vins de Loire, vins primeurs des côtes-du-rhône, vins du Languedoc, alsace-pinot noir, bourgognes d'appellations régionales.

Espagne : rioja joven, jumilla, la mancha.
Italie : bardolino, valpolicella, chianti, merlot du Haut-Adige.
États-Unis : zinfandel, gamay.
Chili et Argentine : merlot.

Les vins rouges jeunes

En bouche

• Un vin léger en bouche est bâti sur le fruit et la souplesse. Mais un vin léger ne veut pas dire vin fluide. L'attaque doit être franche, le caractère fruité doit s'imposer d'emblée. L'équilibre doit privilégier la fraîcheur et la matière mûre, avec une force alcoolique qui reste discrète – ce qui n'est pas toujours le cas dans bien des vins de primeur. Les tanins doivent être mûrs, souples et déjà fondus. Dans certains styles de vins, une certaine « mâche » apporte un élément de franche rusticité, très appréciable.

• Les vins de garde dégustés jeunes laissent parler leur structure tannique, avec une matière dense, du fruit, et surtout une architecture imposante, parfois sévère. Ils ont besoin de temps pour s'affiner.

DÉGUSTER

Les vins rouges âgés

À la naissance du vin, certaines qualités peuvent indiquer une bonne aptitude au vieillissement : tanins, acidité ou structure. Cependant, rien ne remplace l'expérience du dégustateur. Il faut avant tout bien connaître l'appellation, le cru ou la propriété afin de disposer de toutes les indications nécessaires sur le potentiel de garde des vins.

Les vins rouges âgés

À l'œil

Au départ orientée vers les nuances fortement teintées de bleu (violet, pourpre), la couleur du vin perd progressivement cette tonalité pour s'orienter vers des nuances plus orangées. D'une part, l'intensité colorante diminue ; d'autre part, la teinte passe de rubis à vermillon, puis se fait cerise, tuilée, brique, pelure d'oignon, avant d'atteindre la note acajou qui caractérise les vins vieux dans leur plus belle expression chromatique.

Au nez

Les arômes d'un vin vieux se distinguent par leur complexité. À ce stade s'est développé un bouquet. Les arômes sont progressivement influencés par la phase de réduction que le vin subit dès qu'il est mis en bouteilles. On trouvera d'abord toute la série empyreumatique, puis la série animale, très caractéristique de l'évolution d'un vin en bouteille, qui commence par le cuir, les notes viandées, avant d'atteindre les odeurs de gibier et de finir par des notes parfois violentes de venaison. Il arrive que cette phase gibier s'atténue avec l'âge et que le vin revienne à des notes fruitées. Parfois, le vin évolue vers des arômes de champignon, de sous-bois et d'humus, qui doivent rester discrets. Toutefois, la truffe est fort agréable lorsqu'elle se montre généreuse.

~ REPÈRES ~

Suivez l'évolution d'un vin rouge de garde

Un vin rouge élaboré pour la garde traverse des phases diverses. Très ouvert dans sa prime jeunesse, en particulier lorsqu'il est goûté au chai, dans sa barrique ou dans sa cuve, il subit la maladie de la bouteille. Ses arômes s'éteignent, sa chair se flétrit, puis se mâche ; il ne reste que sa structure pour rappeler ses qualités d'antan. Après un an ou deux, suivant les cas, le vin se referme, se replie sur lui-même pour une longue période de réflexion. La dégustation d'un vin dans cet état peut être désespérante : vous aurez l'impression de vous trouver devant une porte cadenassée dont vous auriez perdu la clé. Il faudra alors attendre l'ouverture du vin.

Les vins rouges âgés

En bouche

La structure d'un vin rouge de garde peut paraître agressive dans sa prime jeunesse. Les tanins astringents, les charpentes massives, l'acidité qui durcit l'ensemble ont des chances de se fondre et de se lisser au cours des années. Ce n'est pourtant pas toujours le cas : des vins très tanniques ou rustiques peuvent s'effondrer d'un seul coup sans avoir vu leur structure prendre de l'élégance. La qualité du grain des tanins importe dès le départ. Une grande force tannique dans laquelle le grain tactile se montre déjà fin est un signe qui ne trompe pas : le vin sera capable d'atteindre une grande harmonie. Ces tanins vont peu à peu se condenser et perdre leur caractère asséchant. Souplesse, velours, finesse apparaissent alors. Le vin est entré dans sa phase optimale pour un temps plus ou moins long. Puis, cette structure s'amaigrit progressivement, laissant percevoir plus intensément l'acidité, l'alcool et la sécheresse. Les éléments autrefois mariés et fondus se dissocient. Le vin est alors à la fin de sa vie.

Quelques grands vins rouges de garde

Bordelais : médocs, graves, saint-émilion grand cru, pomerol.
Bourgogne : pommard, vosne-romanée, gevrey-chambertin, corton, volnay, clos vougeot.
Australie : shiraz.
Espagne : rioja, priorato, ribera del duero.
États-Unis : cabernet-sauvignon californien.
Italie : barolo, barbaresco, brunello di montalcino, recioto, super toscans.

DÉGUSTER

Les vins rosés

Le vin rosé se déguste-t-il ? Souvent bu par pur plaisir, sur un plat de charcuteries, ce vin ni rouge ni blanc étonne parfois. Il existe dans les diverses appellations d'origine des vins qui imposent un style et une réelle personnalité.

Les vins rosés

À l'œil

La robe d'un vin rosé participe à l'éveil des papilles du dégustateur tout autant que ses arômes ou son goût. Observez d'abord l'intensité qui doit correspondre au type. Une intensité trop faible peut être un défaut dans une appellation ou bien une qualité dans une autre. Une intensité trop élevée, qui se rapprocherait de celle d'un vin rouge léger, peut vous induire en erreur. Outre la brillance et la limpidité qui sont notées comme celles d'un vin blanc, attachez-vous à définir la teinte. Toute une gamme de roses se décline avec plus ou moins de composante bleue d'une part, marron d'autre part. Vous pourrez ainsi trouver des vins allant de gris pâle à rose pâle, rose franc, pivoine, cerise, framboise, fraise, vieux rose, rose orangé, abricot, saumon, brique, roux, pelure d'oignon. Un rosé de gamay est plutôt cerise, un rosé de cabernet framboise, et un rosé de grenache présente des tons plus orangés.

Les vins rosés

Au nez

Un vin rosé doit être aromatique. Les gammes florale, fruitée, végétale, fermentaire ou amylique s'y retrouvent. Se manifestent plus rarement les séries boisée, balsamique ou animale. Notez cependant que des arômes épicés – notamment des nuances **poivrées** – peuvent apparaître dans les vins rosés de syrah, tels les côtes-du-rhône. Dans les vins rosés plus évolués (tavel par exemple), les arômes se rapprochent du bouquet des vins rouges, avec des notes empyreumatiques. Puis, se développent des notes cuites ou confiturées, des arômes de sous-bois ou de viande qui indiquent que le vin arrive au terme de sa vie.

« Appréciez la qualité de l'attaque, qui doit être franche et aromatique : le vin doit parler dès son entrée en bouche. »

Les vins rosés

En bouche

Un vin rosé doit être rafraîchissant. Jugez son équilibre selon son caractère vif et acide, sa composante moelleuse, son gras et sa force vineuse. Appréciez la qualité de l'attaque qui doit être franche et aromatique : le vin doit parler dès son entrée en bouche. La composante acide est perceptible mais équilibrée. Un vin rosé qui manque d'acidité paraît plat et lourd ; son côté alcoolisé ressort avec vulgarité. En revanche, un vin rosé trop acide semble vert et grinçant. Cette juste acidité met en valeur le caractère fruité du vin et lui donne toute son appétence. La teneur en gaz carbonique renforce parfois la nervosité, mais elle ne doit pas être trop perceptible. Notez l'intensité et la persistance de la perception aromatique en bouche. La relative puissance tannique du vin lui donne son corps. Celui-ci ne doit être ni trop lourd ni trop charpenté. Léger et bâti sur sa qualité aromatique, un rosé est plus particulièrement destiné à l'apéritif ou à des buffets froids. Un rosé plus riche en tanins et en structure peut accompagner tout un repas.

« Dans un rosé, appréciez la qualité de l'attaque qui doit être franche et aromatique. »

Les vins rosés

En savoir plus sur le rosé

La vinification en rosé

Il existe deux procédés de vinification en rosé, chacun donnant des profils de dégustation différents.

- Un vin rosé peut être obtenu **par pressurage** d'un raisin à peau rouge ou rose. La teinte du jus qui s'écoule après pressurage est très légère. Après vinification du moût comme pour un vin blanc, le vinificateur tire ce que l'on appelle un vin gris. Les caractéristiques gustatives d'un rosé de pressurage sont très proches de celles d'un vin blanc.
- On peut également procéder **par saignée.** Les raisins sont vinifiés comme pour élaborer un vin rouge. Lorsque le vinificateur estime que la couleur du jus a atteint l'intensité désirée, il « saigne » la cuve, c'est-à-dire sépare le jus des parties solides (pellicule, pépins, etc.). Le jus ainsi obtenu continue sa fermentation à l'instar d'un vin blanc. La couleur finale est alors plus intense, selon le type de l'appellation. Le rosé de saignée possède une certaine richesse tannique ; il paraît plus vineux que le rosé de pressurage.

Pour les deux types, le jus est généralement vinifié à basse température ; des levures aromatiques développent le potentiel fruité du produit final. Entrent dans cette catégorie les vins rosés dits « d'une nuit ».

Vin rosé et soufre

Le vin rosé a parfois mauvaise réputation : il est accusé de donner des maux de tête qui font regretter sa consommation. Cet inconvénient vient en général d'un excès de soufre (SO_2) ajouté pour protéger le vin de l'oxydation lorsque celui-ci a une constitution trop faible ou lorsqu'il est issu de vendanges altérées ou de vinifications approximatives. Ce défaut est souvent masqué par un service à basse température et peut, dans ces conditions, passer inaperçu. Le soufre s'identifie au nez par une odeur soufrée caractéristique et en bouche par un picotement de l'arrière-gorge. Les bons vignerons savent élaborer des vins rosés avec des taux de soufre faibles et donc parfaitement digestes.

Les vins rosés

Séries aromatiques des vins rosés

Séries	Arômes	Vins
Végétale 	• Feuille de cassis, poivron	• Rosés de cabernet
Florale 	• Fleur d'oranger, aubépine, fleur de pêcher, fleur de vigne, pivoine, rose, tilleul, iris, violette, œillet, bruyère, genêt, fleurs séchées	• Rosés de négrette, pinot noir
Fruitée 	• Cerise, groseille, cassis • Fraise, framboise • Abricot, pêche, poire, pomme, figue fraîche • Agrumes, fruits exotiques, amandes fraîches	• Rosés de pinot noir • Rosés de cabernet, tannat cinsaut, grolleau • Rosés de grenache • Rosés technologiques
Fermentaire 	• Levure, bonbon anglais	• Rosés technologiques
Épicée 	• Poivre	• Rosés de syrah, mourvèdre

~ REPÈRES ~

À quelle température déguster un vin rosé ?

Dégustez les vins rosés à une température fraîche (entre 10 et 13 °C). Il faut flatter le vin et non casser ses arômes. Un vin rosé bu glacé perd tout son fruité et son équilibre. Il serait dommage de ne pouvoir apprécier à sa juste valeur un tavel, un rosé-des-riceys ou un marsannay rosé.

DÉGUSTER

Les vins liquoreux

En dégustant des vins liquoreux, vous comprendrez le sens de l'expression « l'or du vin ». Vêtus d'une robe rayonnante, porteurs d'arômes floraux ou fruités et exotiques, délivrant une matière de velours, ces nectars semblent éternels.

Les vins liquoreux

À l'œil

La robe d'un vin liquoreux est plus intense et plus profonde que celle d'un vin sec, avec une viscosité importante. Le vin forme des larmes abondantes (p. 51) sur les bords du verre. C'est la composante dorée qui domine, dans une large gamme qui peut aller de l'*or pâle* au *vieil or*, en passant par le *jaune doré* ou le *bouton d'or*. Au vieillissement, les vins liquoreux commencent par se *cuivrer*, avant de passer par des teintes *ambrées*, *rousses*, *fauves*, *brunes* et même *acajou* dans les bouteilles du siècle dernier.

Au nez

Un vin qui a subi les assauts du *Botrytis cinerea* se reconnaît à ses arômes d'abricot, d'épices douces, de pain et de praline. Si le *Botrytis* ne s'est pas développé dans de bonnes conditions, vous pouvez déceler quelques déviations aromatiques comme des senteurs d'iode et de champignon ou des notes d'humus. S'il n'est pas apparu, dans une année trop sèche par exemple, le vin perd en complexité mais gagne en notes riches, confiturées ou **miellées**.
La dominante de la très complexe palette aromatique des vins liquoreux est la famille fruitée, avec des notes d'une grande maturité. Dans les liquoreux jeunes, des notes florales, comme la **fleur d'oranger**, peuvent être fréquentes, mais le plus souvent ce sont les agrumes confits qui dominent. Viennent ensuite les séries de fruits exotiques (litchi, **mangue**, **ananas**), de fruits à noyau (abricot, pêche jaune), de fruits confits (pâte de coings, angélique). Certains cépages producteurs de sélection de grains nobles en Alsace, comme le

pinot gris ou le gewurztraminer, apportent leurs notes épicées. Se superposent enfin les séries empyreumatique (grillé, caramel), épicée (**vanille**, cannelle et parfois **anis**), complétées par les nuances de confiserie (miel, praline, pâte d'amandes).
Les vieux liquoreux évoluent vers des notes d'encaustique (cire d'abeille), associés à des arômes d'épices très développés et à des nuances élégantes de rancio.

En bouche

L'équilibre d'un vin liquoreux se note souvent en équivalent alcool. Un liquoreux d'équilibre 14-4 présente une richesse alcoolique de 14 % vol. et une teneur en sucres résiduels équivalente à 4 degrés d'alcool, soit 70 g de sucre. Trop d'alcool et le vin paraît brûlant ; trop de sucres résiduels et le vin est lourd et pâteux. Fort heureusement, l'acidité équilibre l'ensemble. Plus un vin liquoreux est acide, plus il paraît léger et harmonieux. La grande richesse en sucre des vins liquoreux allemands semble presque aérienne grâce à une belle acidité et à des degrés alcooliques très modestes. Un barsac se distingue souvent d'un sauternes par une vivacité plus importante, un jurançon ou un quarts-de-chaume paraît moins liquoreux et plus facile à consommer grâce à l'acidité élevée du petit manseng ou du chenin. La bouche d'un liquoreux se juge aussi sur sa complexité aromatique et sur son onctuosité : cette sensation tactile qui s'apparente au velours tapisse les papilles.

« Trop d'alcool et le vin paraît brûlant ; trop de sucres résiduels et le vin est lourd et pâteux. »

Complexes, concentrés et puissants, les vins liquoreux ont tous les atouts pour habiter pleinement la bouche. Ce sont les vins les plus longs. Les arômes puissants s'installent au palais comme des conquérants. Ils occupent l'espace et règnent en maîtres en finale.

L'élaboration d'un vin liquoreux

Si un moût destiné à élaborer un vin sec contient environ 200 g de sucre, les vins moelleux et liquoreux doivent bénéficier d'une matière première plus riche, obtenue par surmaturation. Une partie du sucre contenu dans les baies de raisin est transformée en alcool, tandis qu'une certaine proportion reste dans le vin à l'état résiduel. Il existe diverses manières d'obtenir ces concentrations qui peuvent aller jusqu'à 350 ou 400 g de sucre.

• Le botrytis

Le viticulteur laisse parfois se manifester dans des conditions climatiques favorisées par les microclimats locaux, un champignon : le *Botrytis cinerea*. Sur des cépages à peau épaisse, comme le sémillon ou le chenin, ce micro-organisme développe son mycélium, perfore la pellicule et permet l'évaporation de l'eau. Les grains rôtissent, se flétrissent, perdent leur acidité et s'enrichissent en sucre ainsi qu'en arômes bien particuliers. Les vendanges s'effectuent par tries successives (plusieurs passages dans les rangs), à mesure que s'étend cette pourriture noble dans le vignoble. Les vignobles qui recherchent l'action du *Botrytis cinerea* commencent au sud de Bordeaux, à Sauternes, se poursuivent à Monbazillac, en Val de Loire et en Alsace, puis dans la région rhénane, avant de gagner l'Europe centrale, l'Autriche, la Bulgarie et la Hongrie.

• Le passerillage

Il s'agit du dessèchement de la baie obtenu sur souche, dans des régions où le climat d'automne est sec, comme dans le Jurançon, ou sur des claies, après la récolte des grappes les plus mûres et les plus saines, comme dans le Jura. Autrefois étendu sur un lit de paille, aujourd'hui suspendu à des fils, le raisin sèche dans un local bien ventilé.

DÉGUSTER

Les vins jaunes

Le vin jaune est un type de vin blanc du Jura, obtenu à partir d'un seul cépage, le savagnin, et élevé sous un voile de levures. Sa dégustation nécessite certes une bonne compréhension de sa vinification, mais le dégustateur débutant peut d'emblée apprécier sa longueur exceptionnelle.

Les vins jaunes

À l'œil

Les vins jaunes héritent de leur élevage oxydatif une robe de vin âgé. Très dorée dès le début de leur vie, leur couleur évolue vers des teintes ambrées, vieil or, presque cuivrées. L'expression « vin jaune » ne fait cependant pas référence à la couleur mais au goût.

Au nez

Les vins jaunes du Jura sont expansifs. L'expression aromatique est intense. Le premier nez évoque les noix vertes. Toute la gamme qui gravite autour de ce pivot renforce la complexité : **noix sèche**, amande grillée, **noisette**, brou de noix et une farandole de fruits secs. Vient ensuite une palette déclinant des notes grillées et empyreumatiques : fumée, pain grillé, **café** fortement torréfié, parfois **cacao**, avec des touches de **réglisse**, voire de **Zan**. Enfin, les épices relèvent l'ensemble : **poivre**, **cannelle**, écorce d'orange séchée, **clou de girofle**.

Les vins jaunes

En bouche

La puissance et le volume s'imposent dès la mise en bouche. Ample, gras, avec à la fois de la force, de la structure et une grande expression aromatique, les vins jaunes ne peuvent laisser indifférents. La richesse aromatique s'exprime pendant un nombre incroyable de caudalies **(p. 94)**, tant l'imprégnation du palais est intense : les vins jaunes sont les plus longs du monde.

Lors de son élevage sous voile, le vin a pris l'habitude de cohabiter pacifiquement avec l'oxygène. Fort en alcool, riche en éthanal, il aborde sa vie en clavelin avec une grande sérénité. Le vin jaune est de très longue garde : certaines bouteilles passent le siècle sans prendre une ride, en acquérant une complexité inouïe. Même entamée, une bouteille de vin jaune garde ses qualités, et vous pouvez profiter longtemps de ce vin qui a atteint une sorte de neutralité biologique.

« Ample, gras, avec à la fois de la force, de la structure et une grande expression aromatique, les vins jaunes ne peuvent laisser indifférents. »

Les vins jaunes

• L'élevage sous voile

Dans le Jura, le raisin de savagnin, qui doit titrer au moins 13 % vol., est vinifié en vin blanc de manière classique. La fermentation, lente et complète, donne un vin sec qui subit une fermentation malolactique (p. 62 et 104). Le vin est ensuite transvasé en fûts de type bourguignon tenus en vidange, c'est-à-dire à moitié remplis. Il serait très vite oxydé si un voile de levures ne venait s'interposer entre le liquide et l'air. Ce voile est formé de levures de type *Saccharomyces oviformis* ou *bayanus*. Le vin reste en barrique pendant au moins six ans, avant d'être mis en bouteilles dans un récipient de forme trapue et de contenance spéciale (62 centilitres), le clavelin.

Le voile de levure a un double rôle : il protège le vin du contact direct avec l'air et permet une très lente oxydation ménagée qui fait naître des produits aromatiques, de l'éthanal et du sotolon, responsables du célèbre « goût de jaune » qui signe ces bouteilles de prestige. La seule protection du vin réside dans son degré alcoolique. L'alternance des températures estivales et hivernales pendant ces six années favorise un bon développement du voile, et les vinificateurs privilégient des caves à humidité assez basse pour que l'évaporation se fasse au détriment de l'eau plutôt que de l'alcool. Le degré du vin jaune se renforce donc avec l'âge.

• Des vins de voile…

Les vins jaunes du Jura se répartissent en quatre appellations : côtes-du-jura, appellation qui recouvre tout le territoire ; arbois, patrie de Pasteur ; l'étoile, petite appellation par sa production mais grande par sa réputation ; château-chalon qui produit le vin jaune le plus célèbre.

On peut rencontrer à Gaillac quelques réminiscences de traditions aujourd'hui tombées en désuétude. En Hongrie, les tokay sont élevés dans de petites barriques maintenues en vidange. Avec les cépages furmint et hárslevelú, les vins botrytisés peuvent ou non prendre le voile et donner des vins à la fois liquoreux et à fort caractère oxydatif. Mais c'est au sud de l'Andalousie, en Espagne, qu'est produit le vin sous voile le plus célèbre : le xérès, de type fino, manzanilla ou amontillado, obtenu avec le cépage palomino qui donne sur ces sols crayeux un vin très sec, muté, élevé sous la *flor*, l'équivalent du voile jurassien.

DÉGUSTER

Les vins doux naturels et vins de liqueur

Au XIIIe siècle, Arnaud de Villeneuve, recteur de l'université de Montpellier, découvrit le principe du mutage, c'est-à-dire l'arrêt de la fermentation par ajout de liqueur. Ce procédé allait être à l'origine de vins riches en sucres : ce sont les vins doux naturels en France et les vins de liqueur, tel le porto, produits dans le sud de l'Europe.

Les vins doux naturels et vins de liqueur

L'équilibre entre l'alcool et le sucre

En dégustant un vin doux jeune, vous serez d'emblée frappé et peut-être dérouté par l'alliance entre l'alcool et les sucres résiduels. Si la palette aromatique est assez riche, la note alcooleuse, toujours présente, se fond et ne se distingue que par son apport à la richesse de l'ensemble. En revanche, si cette note est dominante, le nez est lourd et chaud. De même, en bouche, un bon vin doux doit intégrer sa richesse alcoolique dans une matière capable de l'équilibrer. La dose de sucre est ainsi d'une grande importance.

Les vins doux naturels et vins de liqueur blancs

• **Les rivesaltes blancs** ou **ambrés**

Le cépage macabeu domine, allié au grenache blanc et à la malvoisie. Embouteillés très tôt, les vins présentent une robe pâle. Leurs arômes fins et délicats privilégient les notes florales : acacia, genêt, fenouil, badiane, avec quelques touches miellées ou des nuances de cire d'abeille. Élevés en foudre, ils prennent des teintes plus soutenues, dorées et cuivrées, des notes plus évoluées comme la noisette, l'amande, les agrumes confits et parfois des nuances de torréfaction.

• **Les muscats**

À base des deux cépages muscat d'Alexandrie et muscat à petits grains, les muscats-de-rivesaltes ont une teinte or pâle, des arômes de fruits exotiques, de zestes d'agrumes, de melon, de menthe ou de citron. Ils sont équilibrés, fringants et dévoilent une grande puissance aromatique.

Le muscat-de-saint-jean-de-minervois est peut-être le plus fin de tous. Très floral, avec des notes d'acacia, de lys, de chèvrefeuille, il complète sa gamme aromatique par des nuances d'agrumes très fines. Son équilibre en bouche est toujours d'une grande délicatesse.

Le muscat-de-frontignan, élaboré avec le cépage muscat à petits grains, est riche, onctueux, avec des arômes d'agrumes, de melon bien mûr et de miel. Son équilibre est plus riche, et sa finale très sucrée.

Les vins doux naturels et vins de liqueur

Les muscats de Samos et de Patras ont servi de modèle dans l'Antiquité ; leur réputation a perduré jusqu'au Moyen Âge. Ils sont en général non mutés, élaborés avec la seule richesse naturelle du raisin muscat à petits grains ; à Patras, on peut aussi trouver le cépage mavrodaphné. Ces vins opulents, aux arômes confiturés, sont issus de raisins gorgés de soleil, très riches en sucres.

• Le malaga

À base des cépages pedro ximénez, vidueño, airén ou moscatel, le malaga bénéficie d'une ancienne réputation. Ce vin de liqueur puissant, élevé pendant deux ans en fût, livre des arômes intenses de caramel, d'épices, de fruits cuits et de bois exotiques.

• Le madère

À base des cépages nobles verdelho, sercial, bual, malvoisie, ou du cépage tinta negra mole pour les vins plus ordinaires, les vins de Madère sont issus d'une méthode très originale. Les vins mutés sont chauffés, presque cuits à 40 °C pendant trois mois dans des « estufas » (étuves) avant d'être élevés de nombreuses années durant. Le madère est le vin qui vieillit le plus longtemps au monde ; il peut atteindre deux cents ans ! Ne vous contentez pas d'un usage culinaire du madère, mais découvrez cette merveille de complexité.

Vin de liqueur ou vin doux naturel ?

Vin de liqueur et vin doux naturel sont deux catégories définies par l'Union européenne. Ils ne se distinguent que par l'opération du mutage qui a pour but d'arrêter la fermentation et d'augmenter la richesse alcoolique du vin fini.

• Si le mutage est effectué sur un moût en cours de fermentation avec de l'eau-de-vie de vin (des brandies locaux ou importés), on obtient un **vin de liqueur**. Le porto, le xérès, le madère sont des vins de liqueur.

• Les **vins doux naturels** sont mutés avec de l'alcool neutre et sont issus exclusivement des cépages muscat, macabeu, malvoisie et grenache.

• En France, on appelle aussi vins de liqueur des mistelles : le mutage est effectué sur le moût de raisin frais, avant toute fermentation, avec de l'eau-de-vie de vin ou de marc. Le pineau-des-charentes, le floc-de-gascogne, le macvin-du-jura constituent les trois appellations de vins de liqueur.

Les vins doux naturels et vins de liqueur

Les vins doux naturels et vins de liqueur rouges

• Les rivesaltes

Élevés traditionnellement, ce sont des vins doux à robe tuilée et aux arômes de **café**, de **cacao**, de fiche ou de pruneau sec, de coing et de fruits confits. Ils font preuve d'un bon équilibre entre tanins, sucre et force alcoolique.

• Le maury

Avec du grenache presque pur sur des sols schisteux, l'appellation d'origine maury s'applique à des vins doux naturels riches et tanniques. Colorés, livrant des arômes de **café**, de chocolat, de cuir, d'épices et de **réglisse**, ces vins sont très équilibrés en bouche grâce à leur richesse et à leur charpente. On peut trouver des maury de style traditionnel, mais aussi des vintages aux délicieux arômes de fruits rouges.

• Le rasteau

Dans le département du Vaucluse, l'appellation d'origine rasteau désigne des vins doux naturels de grenache, aux arômes de fruits secs, de **noix**, de fruits confits, de **pruneau** et aux notes de torréfaction. Amples et chaleureux, ce sont des vins pleins et harmonieux, dont la charpente tannique peut être intense.

• Le banyuls

Produit aux portes de l'Espagne, banyuls est le vin doux naturel le plus célèbre. À base de grenache récolté sur des terroirs schisteux escarpés, les banyuls sont élaborés soit par méthode oxydative, soit en vintage. Dans le premier cas, ils prennent des teintes acajou, ambrées, avec des notes aromatiques de fruits secs, de torréfaction, de cuir, de cacao et d'épices. Très structurés en bouche, ce sont

Les vins doux naturels et vins de liqueur

« Le porto est l'un des premiers vins dont l'élaboration ait été strictement codifiée dès 1750. »

des vins doux naturels puissants qui peuvent vieillir indéfiniment en acquérant une rare complexité. En vintage, ils développent des arômes de cerises à l'eau-de-vie, de cassis, de réglisse. Leur force tannique a besoin de temps pour s'affiner.

• **Le porto**

Issu des vignobles en terrasses qui bordent le Douro, au Portugal, le porto admet des styles très différents qui dépendent tout autant des assemblages des cépages locaux (touriga nacional, baroca, roriz, francesca cão, bastardo, etc.) que des modes d'élevage. Les **portos tawnies** sont élevés pendant longtemps en foudre ou en **pipe** (barrique de 550 litres), où ils subissent une oxydation. Ils gagnent ainsi une couleur ambrée, des arômes de cacao, de réglisse, d'écorce d'orange et fondent leurs tanins et leur force alcoolique. Les vins sont ensuite assemblés de façon à perpétuer le style constant de la maison de production. Des vins vieux sont ainsi associés à des vins plus jeunes, plus frais et plus fruités. Les tawnies peuvent être bus en apéritif, mais ils s'accordent surtout avec les fromages et les desserts au chocolat. Un **colheita** est un tawny rare issu d'un seul millésime, qui a été jugé assez noble pour ne pas être assemblé. Un porto **vintage** est issu d'une vendange exceptionnelle ; il est élevé deux ans seulement en barrique et mis en bouteille, à la façon d'un vin de garde du Bordelais ou de Bourgogne. Le fruité originel est ainsi préservé, ainsi que la jeunesse des tanins. Ce vin poursuit son évolution en milieu réducteur, avec lenteur, en gardant sa force et sa couleur profonde. Emprisonné sous verre, il peut vieillir ainsi pendant très longtemps en acquérant une complexité peu commune. Souvent un dépôt épais tapisse la bouteille : il faut servir le vin avec précaution. Il s'agit d'un porto de gastronomie, à marier avec un gibier ou des fromages persillés. Un **late bottle vintage** (LBV, « mis en bouteille tardivement ») est un porto élevé en fût pendant quatre à six ans, puis mis en bouteilles. Il commence sa vie en milieu oxydatif, où il prend les prémices des arômes d'évolution. Cette évolution est interrompue par la mise en bouteilles. Ce vin présente donc un style à mi-chemin entre le tawny et le vintage : il est plus rapidement prêt à boire qu'un vintage et constitue une bonne introduction à la dégustation des portos millésimés.

L'élevage des vins doux naturels

Il existe deux méthodes d'élevage qui influencent le caractère des vins.

• La plus courante consiste à élever les vins doux naturels, surtout les rouges, dans des fûts en vidange, c'est-à-dire à moitié remplis, au contact de l'air. Parfois, ces fûts sont disposés à l'extérieur de la cave. Dans ces conditions, les vins prennent rapidement des accents évolués, oxydés, de type rancio. Leur couleur vire vers des teintes ambrées, en perdant de l'intensité ; leurs arômes s'orientent vers les fruits secs, les notes de torréfaction (café, cacao) et les épices orientales. La bouche devient complexe et l'équilibre s'affine. Les vins doux naturels sont alors de merveilleux compagnons des fromages persillés ou des desserts au chocolat.

• L'autre méthode se rapproche de celle utilisée pour la production de porto vintage : le vin est élevé comme un vin rouge sec, en fût plein, à l'abri de l'air. Mis en bouteilles, il vieillit en milieu réducteur. Cette technique donne des produits très colorés, aux arômes de fruits mûrs, de cassis, d'épices et de goudron.

DÉGUSTER

Les vins effervescents

Les vins effervescents sollicitent tous les sens, même celui de l'ouïe. Le dégagement gazeux s'écoute tout près de l'oreille pour mieux apprécier ce vin tantôt retenu et timide, tantôt poétique et disert.

Les vins effervescents

À l'œil

À l'instar d'un vin tranquille, un vin effervescent se juge d'après son intensité colorante, sa teinte, ses reflets, sa brillance et sa transparence. S'ajoutent cependant des notations relatives à la mousse et aux bulles. Le dégagement gazeux dépend de deux facteurs.

• La pression du gaz dans le vin.
Elle est fonction de l'élaboration même du vin effervescent, mais elle est également liée à la température de service. Plus un vin est froid, plus il peut dissoudre de gaz carbonique et moins il dégage de pression au-dessus du liquide. Aussi ne servez pas glacé un vin mousseux.

• La constitution du vin.
La richesse en corps tensioactifs (protéines par exemple) favorise l'abondance de la mousse. Ces corps abaissent la tension superficielle d'une solution et permettent de stabiliser les mousses ou les émulsions (ainsi, une vinaigrette peut-elle être stabilisée par les protéines contenues dans la moutarde). La mousse peut être peu, assez, trop *abondante*, *fugace* ou *persistante*. Jugez de sa bonne tenue dans le temps. Lorsque la mousse primaire a disparu, il reste un mince *cordon* de bulles autour du vin, au contact du verre. Étudiez l'importance de ce cordon, la surface qu'il occupe, sa persistance. Examinez ensuite les bulles qui s'échappent du liquide, en relevant leur nombre et leur taille.

Les vins effervescents

« Les arômes des vins effervescents sont propulsés hors du verre par le gaz carbonique. »

Quels cépages pour les vins effervescents ?

Le chardonnay domine l'élaboration des vins effervescents, sur le modèle champenois qui lui associe pinot noir et pinot meunier. Toutefois, le riesling, le chenin, le muscat et le mauzac peuvent également être utilisés. En Espagne, le cava est un assemblage de cépages macabeo, parellada, xarel-lo et chardonnay.

Les vins effervescents

Au nez

Les arômes des vins effervescents sont propulsés hors du verre par le gaz carbonique. Ils peuvent être classés dans les catégories primaire, secondaire ou tertiaire de façon encore plus nette que ceux des vins tranquilles.

Les cépages qui entrent dans leur élaboration empreignent les arômes de leurs caractéristiques. Le chardonnay apporte ses notes de tilleul, de fruits blancs et d'agrumes. Le mauzac lègue ses accents de **pomme** et d'épices, le chenin ses arômes de **foin coupé**. Le pinot noir fait chanter ses notes de **cerise**, de **violette** ou de **pivoine**.

Les vins issus de méthode traditionnelle sont marqués par l'autolyse des levures, lors de la seconde fermentation qui enrichit la gamme : de la levure au pain grillé, en passant par la **mie de pain**, la **brioche**, le **cake** ou le **beurre frais**. Enfin, le vieillissement du vin oriente les arômes vers des notes de **miel**, de cire, de fruits à noyau (**pêche**), accompagnés d'accents épicés, voire boisés dans les rares cas où le vin est encore élaboré en fût.

Les vins effervescents

~ REPÈRES ~

Le choix du verre

Le verre de dégustation influe sur la qualité du dégagement gazeux, ce qui rend l'observation de la mousse encore plus difficile. Sa forme (en tulipe évasée), l'état de sa surface (lisse ou rayée), sa propreté risquent de perturber l'observation. Pour vous en convaincre, il vous suffit de regarder plusieurs verres sur une même table, remplis avec le même vin. Aucun n'offre le même dégagement gazeux. Pour éviter ces variations, utilisez toujours le même verre, une flûte de préférence.

En bouche

Évitez de faire tourner le vin dans votre bouche car le gaz carbonique anesthésie les papilles. Le vin peut être *envahissant* ou *discret*, *fin* ou *grossier*. Analysez ensuite la bouche comme celle d'un vin tranquille, en jugeant l'équilibre entre les axes acide, moelleux et tannique (des tanins sont présents dans un vin blanc issu de raisins noirs ou dans un vin rosé). L'acidité doit être rafraîchissante, mais pas trop coupante. Le vin peut être *mou*, *vert*, ou bien *souple*, *frais*, *vif* ou *nerveux*. Appréciez ensuite le corps du vin et sa vinosité.

L'axe des sensations moelleuses est le plus délicat à noter car il dépend du type de vin effervescent.

En effet, le vinificateur ajoute une solution sucrée avant la mise en bouteilles : la liqueur d'expédition. Suivant la quantité ajoutée, il obtient un brut zéro ou un brut de brut (sans liqueur), un brut, un demi-sec ou un doux. Pour les bruts, le sucre doit participer à l'équilibre du vin ; il doit notamment tempérer une acidité qui pourrait s'avérer agressive. Le vin peut être *bien dosé*, *équilibré*, *harmonieux* ou, au contraire, *trop dosé*, *pommadé*.

L’élaboration des vins effervescents

Méthode traditionnelle, méthode ancestrale ou cuve close ? Autrefois nommée méthode champenoise, la **méthode traditionnelle** exige une double fermentation. Une première fermentation conduit à un vin de base sec que l’on met en bouteilles. On ajoute ensuite du sucre et des levures dans chaque bouteille hermétiquement bouchée. La transformation de ce sucre supplémentaire en alcool dégage le gaz carbonique qui provoquera l’effervescence. Un dépôt de levures mortes se forme dans les bouteilles, qui sera éliminé par remuage et dégorgeage. On peut opposer cette méthode à celle, plus ancienne, encore en usage à Gaillac, Limoux ou Die : la **méthode ancestrale**. Celle-ci consiste à embouteiller un vin dont le sucre naturel n’a pas été complètement fermenté. Cette transformation se poursuivra en bouteille jusqu’à obtention de la pression de gaz carbonique désirée. Cette méthode donne des produits très naturels mais moins réguliers que la méthode traditionnelle.
Selon la **méthode cuve close** qui préside à l’élaboration des Asti spumante italiens par exemple, la fermentation s’effectue en cuve fermée et la mise en bouteilles sous pression.

S'EXERCER

Les vins rouges : la structure tannique

La comparaison des extrêmes dans la structure tannique permet de mémoriser les deux bouts des échelles de notation ; la dégustation de vins très différents s'avère en effet utile aux débutants.

Les vins rouges

Vins de l'exercice

1. Beaujolais-villages.

Présentez la bouteille à 14-15 °C et débouchez-la au dernier moment.

Vin de remplacement : gamay de Touraine, de Savoie ou gaillac primeur.

2. Saint-estèphe

Choisissez un vin d'un millésime récent. Présentez la bouteille à 17-18 °C. Débouchez-la une heure à l'avance. Décantez la moitié de la bouteille en carafe. La décantation a un rôle bénéfique (p. 41-42) : elle donne un coup de fouet à un vin qui vient de passer plusieurs années dans sa prison de verre. Dans le cas d'un vin jeune, l'oxygène accélère l'évolution des arômes et les révèle. Dans le cas d'un vin parvenu à maturité, l'aération efface les notes de réduction qui pourraient apparaître à la première dégustation.

Vin de remplacement : premières-côtes-de-bordeaux ou graves.

L'influence des cépages

Le gamay

Ce cépage précoce peut être cultivé dans des vignobles septentrionaux ou d'altitude. Les sols granitiques, comme ceux du nord du Beaujolais, lui conviennent bien. Ce plant donne des vins très aromatiques, peu colorés, souvent issus de macérations semi-carboniques (p. 77).

Les vins rouges

Le cabernet-sauvignon

Ce cépage tardif est cultivé partout dans le monde. Cependant, les meilleures productions s'obtiennent à la limite nord de son aire de culture, notamment en Médoc.
Ce plant donne des vins très colorés, avec du fruit noir (mûre, cassis), une remarquable structure tannique, astringente dans leur jeunesse.

À vous de jouer…

Une fois que vous vous serez entraînés avec le beaujolais-villages et le saint-estèphe, vous pourrez comparer les vins suivants, issus de la production mondiale, en respectant les étapes de la dégustation.

- **En Italie,** un bardolino et un barolo. Le bardolino est produit en Vénétie, sur les rives sud-est du lac de Garde. C'est un vin souple, issu des cépages corvina, rondinella et molinara. Le barolo est un vin du Piémont, issu du célèbre cépage nebbiolo. Le nebbiolo produit des vins moyennement colorés, très aromatiques, riches et tanniques, avec une forte vivacité.
- En Espagne, un jumilla et un priorato. Le jumilla est un vin de mourvèdre produit dans la région aride du Levant. Le priorato, né en Catalogne à partir du grenache et du carignan, est un vin très structuré.
- **En Suisse,** un pinot noir du canton de Vaud et un merlot du Tessin.
- En Californie, un Blush Zinfandel et un cabernet-sauvignon. Un **blush wine** est un vin très pâle issu du cépage rouge zinfandel vinifié comme un vin rosé.
- **En Australie,** un gamay et une syrah (shiraz).

S'EXERCER…

Les vins rouges

À L'ŒIL

	BEAUJOLAIS	SAINT-ESTÈPHE
Intensité	Légère.	Intense, presque sombre.
Teinte	Cerise vive et fraîche, avec quelques reflets pourpres, voire violacés qui ourlent la surface du vin.	Dominante rubis, avec une frange pourpre, signes de jeunesse.

AU NEZ

	BEAUJOLAIS	SAINT-ESTÈPHE
Premier nez	Très intense, fruits rouges vifs comme la framboise accompagnée de cerise, fraise, griotte, groseille. Des vinifications à basse température, utilisant certains types de levures, peuvent apporter des arômes de banane.	Discret et même fermé.
Deuxième nez	Composante florale (iris ou violette).	Fruits rouges ou noirs (cerise, cassis) associés aux arômes issus de l'élevage en barrique (cèdre, vanille, épices). Sur des raisins moins mûrs, des nuances de poivron apparaissent. La décantation souligne le côté fruité et augmente l'intensité aromatique.

EN BOUCHE

ATTAQUE	SOUPLE	STRUCTURÉE.
Milieu de bouche	La structure est légère, coulante, même chaleureuse.	Beaucoup de matière et une imposante charpente tannique. L'astringence est importante, mais il faut surtout percevoir le grain fin des tanins. Essayez de distinguer ceux issus du raisin de ceux, plus épicés, apportés par la barrique. Le vin décanté gagne en harmonie : il présente des tanins plus fondus et un fruité plus intense.
Finale	Vive et fraîche. Peu de sensation tannique. Les arômes persistent quelques secondes, en rappelant les composantes du nez.	La persistance aromatique, intense, privilégie le fruit et les épices.

S'EXERCER

Les vins blancs secs : l'acidité et la température de dégustation

Situez vos appréciations sur la sensation acide.
Vous pourrez ainsi graduer l'axe d'acidité à partir de ses extrêmes, avec un vin très vif et un vin chaud et gras.

Les vins blancs secs

Vins de l'exercice

1. Jurançon sec.

2. Côtes-de-provence.

Achetez les deux bouteilles dans le millésime le plus récent, afin de profiter de la fraîcheur et du fruité primaire des vins. Demandez conseil à votre caviste pour acheter un vin élevé en cuve et non en barrique. Procurez-vous plusieurs bouteilles de chaque vin afin de décomposer l'exercice en deux temps.

L'influence des cépages

Les vins blancs du sud de la France peuvent être classés en deux grands groupes climatiques. Les vins qui regardent à l'ouest – bordeaux blancs secs, graves, duras, gaillac, irouléguy ou jurançon sec – et ceux qui sont issus du Languedoc, de la Provence ou de la vallée du Rhône méridionale. Côté Atlantique, le climat se caractérise par des températures douces, avec peu d'écarts, et par une pluviométrie importante, ce qui offre aux cépages blancs la possibilité d'exprimer leur puissance et leur complexité aromatique mais qui, en contrepartie, favorise une acidité élevée. Côté Méditerranée, le climat chaud et sec n'est pas propice à la finesse mais donne des vins riches et gras, en général peu acides. Certaines pentes exposées au nord, à Palette par exemple, parviennent à compenser cet excès de chaleur. Deux styles radicalement opposés qui se prêtent à une démonstration didactique.

• L'aire d'appellation jurançon sec se situe sur le piémont pyrénéen, au sud de Pau. Les pentes sont abruptes, les vignes taillées en hauteur pour échapper aux gelées. Les cépages destinés à l'élaboration des vins secs sont le gros manseng, variété très aromatique et à forte acidité, et le courbu, plus neutre et moins vif.

Les vins blancs secs

• Plus connue pour ses rosés, la vaste aire d'appellation des côtes-de-provence produit également des vins blancs secs. Les cépages sont ceux du croissant méditerranéen : l'ugni blanc, assez neutre et relativement vif ; la clairette qui peut donner des arômes fins, avec peu d'acidité ; le bourboulenc, chaud et généreux ; et surtout le rolle, expressif et délicat, qui apporte sa noblesse.

Temps 1

Dégustez les vins à la température de 12-13 °C. Débouchez les vins au dernier moment.

Temps 2

• Portez le jurançon à la température de la pièce de dégustation (de 18 à 20 °C) et maintenez le côtes-de-provence à 14 °C. Le jurançon laisse apparaître un nez moins fin, et des composantes herbacées se développent. Si le vin présente le moindre défaut, celui-ci est impitoyablement révélé par une température élevée. L'acidité est perçue plus intensément et devient déséquilibrée.

• Réalisez l'expérience inverse, avec le côtes-de-provence à 18 °C et le jurançon à 14 °C. C'est le déséquilibre alcooleux du

À vous de jouer…

Une fois que vous vous serez entraînés avec le jurançon sec et le côte-de-provence, vous pourrez comparer les vins suivants , issus de la production mondiale, en respectant les étapes de la dégustation.

• **En France**, remplacez le jurançon par un savennières, un sauvignon de Touraine ou un riesling d'Alsace sans sucres résiduels. Remplacez le côtes-de-provence par un gaillac à base de mauzac, une clairette-du-languedoc, un vin-de-corse.

• **En Allemagne**, choisissez un riesling sec de la Moselle et un pinot blanc de la Nahe.

• **En Italie**, un riesling du Haut-Adige et un vin blanc de Sicile.

• **En Espagne**, un rias baixas et un penedès.

Le rias baixas est un vin blanc réputé de Galice, issu essentiellement d'un cépage local appelé albariño. C'est un vin très fruité. Le penedès, produit en catalogne, est un assemblage de xarel-lo, macabeu et parellada.

• **En Suisse**, un vin du Valais à base d'arvine et un vin à base de chasselas.

• **En Australie**, un sauvignon blanc et un sémillon.

• **En Californie**, un sauvignon blanc et un chardonnay.

Les vins blancs secs

premier qui se dévoile, renforcé par le gras et les sensations moelleuses. Néanmoins, les arômes du côtes-de-provence semblent plus puissants.

• Portez la température des deux bouteilles vers 6-8 °C. Les vins sont anesthésiés ; les arômes semblent bloqués, la bouche se resserre et ne se prête plus à l'analyse. Il est alors bien difficile de déterminer si les vins ont des qualités ou des défauts. La tradition qui veut que les vins blancs se boivent frais et non glacés est donc bien fondée (p. 38-39 et 137).

À l'œil

	Jurançon sec	Côtes-de-provence
Intensité	Intense	Moyenne.
Teinte	Paille ou dorée, avec des reflets verts qui ourlent le disque.	Franchement paille, avec des reflets dorés.

Au nez

Premier nez	Fruits exotiques (signature du cépage gros manseng) : ananas plus ou moins mûr, litchi, mangue, pamplemousse.	Fleurs rehaussées d'arômes de fenouil (caractéristique des vins blancs sudistes).
Deuxième nez	Très intense. Fruits à chair blanche (pêche, poire). En agitant fortement le verre, apparaissent quelques accents épicés.	Moins intense, plus alangui que celui du jurançon. Fruit mûr, miel, quelques épices et parfois une note chaude et généreuse. En cassant la surface du vin, apparaissent des touches d'abricot et d'amande fraîche qui apportent beaucoup de subtilité.

En bouche

	Jurançon sec	Côtes-de-provence
Attaque	Vive, très nerveuse.	Ronde.
Milieu de bouche	Grande fraîcheur équilibrée par la puissance aromatique (gamme fruitée).	La rondeur est appuyée par une richesse alcoolique, un gras et un volume qui adoucit, « arrondit les angles ». Les arômes de fenouil et d'amande sont parfaitement mis en valeur par le réchauffement du vin dans la bouche.
Finale	Longueur fruitée.	Prolongement des arômes de fenouil et d'amande.

S’EXERCER

Les vins liquoreux : la concentration du raisin

Les vins liquoreux sont élaborés à partir de raisins très riches en sucre. L’exercice consiste à relever les différences entre un vin liquoreux botrytisé, un vin de passerillage sur souche et un vin de passerillage sur claies.

Les vins liquoreux

Vins de l'exercice

1. Sauternes.
2. Jurançon.
3. Arbois vin de paille.

Votre caviste sera de bon conseil dans le choix des bouteilles les plus représentatives. Cet exercice demande un certain investissement, mais rien n'empêche de se grouper pour réaliser cette dégustation. Rafraîchissez les bouteilles à 12-13 °C et débouchez-les au dernier moment.

Botrytis ou passerillage

• À Sauternes, sur des collines au relief assez marqué, des sols argilo-calcaires et des croupes de graves, la proximité de la Garonne et la présence du Ciron font naître un microclimat qui favorise l'évolution du *Botrytis cinerea* vers la noblesse sur les cépages sémillon, sauvignon et muscadelle.

• À Jurançon, c'est le dessèchement des baies sous le soleil qui est favorisé. Les régimes de vent du sud-ouest qui s'établissent en automne provoquent un effet de fœhn qui accélère l'évaporation et concentre la vendange. Le cépage petit manseng, aux petits grains et à la pellicule épaisse, supporte bien ce flétrissement.

• Le vin de paille est issu du vignoble du Jura planté des cépages savagnin, poulsard, trousseau, contrairement au vin jaune qui provient du seul savagnin. Le climat prémontagnard ne permet ni le développement de la pourriture noble, ni un passerillage sur souche. Les plus belles grappes récoltées à grande maturité sont mises à sécher à l'abri, sur des claies dans un grenier bien aéré. Ces raisins « secs », pressés fortement pour en extraire un rare jus, sont fermentés pour donner le vin *de paille*.

Les vins liquoreux

À vous de jouer...

Une fois que vous vous serez entraînés avec le sauternes, le jurançon et l'arbois vin de paille, vous pourrez comparer les vins suivants, issus de la production mondiale, en respectant les étapes de la dégustation.

• **En France,** vous pouvez remplacer le jurançon par un coteaux-du-layon ou un vouvray moelleux, le sauternes par un monbazillac ou un gaillac moelleux (une cuvée concentrée), le vin de paille du Jura par un vin de paille de la vallée du Rhône (appellation hermitage).

• **En Italie,** comparez un vin santo de Toscane, un picolit du Frioul et un recioto de Valpolicella (ce dernier vin est rouge, ce qui devrait exciter la curiosité !).

• **Aux États-Unis,** il est instructif de comparer les vins de glace des Finger Lakes ou du Canada avec les rares vins moelleux californiens (*dessert wines*).

• **En Allemagne ou en Autriche,** vous pourrez comparer pour un même cépage les différentes forces en sucre, entre un Auslese, un Beerenauslese et un Trockenbeerenauslese, en complétant par la dégustation d'un vin de glace. Les trois dernières catégories regroupent des vins botrytisés, alors que la première désigne des vins issus de vendanges tardives.

• **En Hongrie,** la comparaison entre les différentes forces de tokay de 3 à 6 *puttonyos* s'impose. Les raisins botrytisés (*aszú* en hongrois) sont récoltés grain par grain, après passerillage sur souche. De ces raisins mis en petits cuvons s'écoule un jus très sucré qui donne le mythique vin *essencia*. Le reste est réduit en pâte, additionné à du vin sec pour une seconde fermentation. La quantité de pâte ajoutée détermine le nombre de *puttonyos* (1 *puttonyo* = 1 seau de 25 kg de raisin *aszú* ajouté à une barrique de 136 litres de vin sec) et donc la richesse du produit final.

Les vins liquoreux

À l'œil

	Sauternes	Jurançon	Arbois vin de paille
Intensité	Soutenue.	Soutenue.	Soutenue.
Teinte	Paille doré.	Paille franchement doré.	Vieil or, avec des nuances ambrées. Le gras du vin est plus intense que celui du sauternes et du jurançon.

Au nez

Premier nez	Impression de surmaturité, de fruits rôtis, confits.	D'une grande puissance aromatique, même sur verre immobile, le vin exhale des notes de fruits blettis. La pêche, la mangue, l'ananas et un arôme original de nèfle se mêlent harmonieusement.	Fruits confits, ananas, pêche, raisins secs.
Deuxième nez	Le *Botrytis* se caractérise par des arômes d'abricot très mûr, d'épices, de poivre. Des notes florales (fleur d'oranger, acacia), des odeurs de zestes d'agrumes mais aussi de fruits secs complètent la gamme. Viennent ensuite des sensations miellées et confites.	Miel, cire d'abeille, pain d'épice, noisette, pralin, notes épicées.	Nuances confiturées, pâte de coings, pruneau sec, zestes d'agrumes confits, cire d'abeille, épices douces.

En bouche

Attaque	Ample et suave.	Vive.	Opulente.
Milieu de bouche	Liqueur imposante et corps très dense. Grande concentration.	Équilibre parfait entre liqueur et vivacité. Le sucre ne masque en rien les côtés floraux, fruits exotiques et épicés.	Grande richesse, toute la gamme des confitures, pâtes de fruits, épices rares, soutenue par des notes de cire. Se manifeste aussi un côté confit, miellé et raisin de Corinthe.
Finale	Opulente, complexe et persistante.	Vivacité élégante. Parfois aussi longue que celle d'un sauternes, la finale d'un grand jurançon est confite, miellée, avec toute une gamme de fruits rôtis et épicés.	Très persistant, le vin de paille peut faire la queue de paon.

S'EXERCER

Les vins rosés : l'influence climatique

Même si la France bénéficie d'un climat tempéré, de nettes variations climatiques influencent le vignoble et donc les vins des différentes régions viticoles. Comparons ici l'influence du climat atlantique et du climat méditerranéen sur un rosé.

Les vins rosés

Vins de l'exercice

1. Irouléguy.

2. Tavel.

Choisissez les bouteilles dans un millésime récent pour profiter de leur fraîcheur et de leur fruité intact. Portez-les à une température de 14 °C environ et débouchez-les au dernier moment. Procurez-vous plusieurs bouteilles de chaque vin afin de décomposer l'exercice en deux temps.

L'influence du climat

Les vins rosés sont souvent produits dans les régions touristiques. Si cette adaptation viticole a quelquefois enfanté des produits plus commerciaux qu'originaux, on peut trouver au pays basque d'une part, près de la Côte gardoise d'autre part, des vins qui n'ont pas à rosir de leurs origines.

• Sur le versant français de l'extrême ouest des Pyrénées, Irouléguy est un vignoble pittoresque, cultivé sur des terrasses abruptes, à flanc de montagne. Il associe la couleur rouge de ses sols au vert des ceps de vigne. Le climat y est très atlantique, avec des hivers doux, des étés dont la chaleur n'est jamais brûlante et une pluviométrie importante. Les cépages cabernet franc, tannat et cabernet-sauvignon y produisent des vins rosés et rouges.

Les vins rosés

À vous de jouer…

Une fois que vous vous serez entraînés avec l'irouléguy et le tavel, vous pourrez comparer les vins suivants, issus de la production mondiale, en respectant les étapes de la dégustation.

• **En France**, remplacez l'irouléguy par un béarn, un tursan, un côtes-du-frontonnais, un bordeaux rosé, ou un rosé à base de cabernet de Loire. Remplacez le tavel par un côtes-de-provence, un vin-de-corse, un coteaux-du-languedoc, un côtes-du-roussillon.

• **En Espagne**, comparez un rosé de Navarre et un rosé d'Alicante.

• **En Californie**, étudiez un rosé de zinfandel et un rosé de grenache.

• Tavel est réputé être le premier vin rosé de France : l'appellation ne produit que ce type de vin. L'aire d'appellation se situe au sud de la vallée du Rhône, sur la rive droite du fleuve, en face de Châteauneuf-du-Pape. Sur des sols de cailloux roulés, de sables et d'alluvions argileuses, ce vignoble sudiste se caractérise par des vignes taillées en gobelet et un climat méditerranéen. Hivers doux, étés torrides, périodes de sécheresse, toutes les conditions sont ici réunies pour produire des vins ensoleillés. Les cépages sont nombreux : grenache et cinsaut principalement, complétés par la syrah et le mourvèdre.

Les vins rosés

À L'ŒIL

	IROULÉGUY	TAVEL
Intensité	Intense	Moyenne.
Teinte	À nuances cerise. Une composante bleue issue du cépage tannat donne des notes pourpres qui confèrent une impression de jeunesse et de fraîcheur.	À nuances orangées. Le grenache n'est pas étranger à cette note d'évolution qui peut aller parfois jusqu'à la pelure d'oignon. On assiste cependant à une évolution des styles vers des couleurs plus modernes, d'un rouge plus vif.

AU NEZ

Premier nez	Très intense, vif et fringant : arômes floraux délicats, notes d'aubépine, de violette ou de jasmin.	Pierre à fusil et épices. En agitant bien le vin, des notes plus chaleureuses, cuites, de cassonade se dévoilent.
Deuxième nez	Épices du tannat, arômes de fruits noirs (mûre). Une dernière agitation du verre libère des notes poivrées.	Moins intense, plus alangui que celui du jurançon. Fruit mûr, miel, quelques épices et parfois une note chaude et généreuse. En cassant la surface du vin, apparaissent des touches d'abricot et d'amande fraîche qui apportent beaucoup de subtilité.

EN BOUCHE

Attaque	Fraîche	Ronde.
Milieu de bouche	L'équilibre en bouche associe une vivacité importante à un fruité intense, avec une note tannique qui structure l'ensemble. L'irouléguy est un vin rosé très sensible à l'état de maturité de la vendange. Un millésime froid et pluvieux se traduit par la présence de caractères végétaux issus du cabernet franc (nuances de poivron vert d'une verdeur parfois intense). Si le raisin a bénéficié d'un été chaud et d'un automne sec, le vin gagne en rondeur, en souplesse et en maturité de fruit.	Souple, ample, avec une sève imposante. Si une générosité importante peut parfois le déséquilibrer vers un côté trop chaud, le fruité intense et les épices tempèrent la chaleur toute méditerranéenne de ce vin de la vallée du Rhône méridionale. C'est un rosé tout en courbes, sans angles ni aspérités, un rosé voluptueux.
Finale	Sur le fruit frais et la vivacité.	Sur le fruit mûr et la générosité.

S’EXERCER

Les vins effervescents : la prise de mousse

Pour devenir effervescents, les vins subissent une seconde fermentation alcoolique qui donne lieu à un dégagement de gaz carbonique dans la bouteille. Différentes méthodes sont utilisées : comparons les bulles !

Les vins effervescents

Vins de l'exercice

1. Champagne blanc de blancs brut sans année.

2. Champagne d'assemblage brut sans année.

3. Gaillac méthode gaillacoise.

Votre caviste vous apportera une aide précieuse dans l'achat des bouteilles de champagne, car si la mention « blanc de blancs » est bien présente sur l'étiquette, une connaissance des habitudes de telle ou telle marque s'impose pour le choix d'un champagne d'assemblage. Le gaillac mousseux n'est pas facile à trouver en dehors de son aire de production. Néanmoins, le *Guide Hachette des Vins* vous indiquera sa sélection des producteurs qui maintiennent cette tradition gourmande. Ne servez pas les vins effervescents trop froids sous peine d'inhiber leurs qualités aromatiques.

Les méthodes d'élaboration

• **Le champagne**. Les cépages utilisés dans l'élaboration du champagne sont rouges et blancs : pinot meunier et pinot noir en rouge, plus particulièrement cultivés dans la vallée de la Marne et sur la Montagne de Reims ; chardonnay en blanc sur la bien nommée Côte des Blancs. Ces raisins sont doucement pressés afin d'en extraire un jus plus ou moins blanc. Les jus issus des deux pinots présentent quelques tanins, alors que celui qui coule d'une vendange de chardonnay en est dépourvu. Dans le premier cas, les vins de base sont plus corsés, vineux et puissants ; dans le deuxième cas, ils sont plus délicats, légers et marqués par les arômes d'un seul cépage. Si les vins sont assemblés entre blancs et noirs, tout l'art de la maison de champagne consiste à trouver l'équilibre « maison » entre ces deux qualités. Toutefois, il est possible d'élaborer une cuvée de champagne avec le seul chardonnay : l'étiquette porte alors la mention « blanc de blancs ».

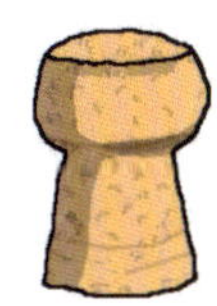

les vins effervescents

À vous de jouer...

Une fois que vous vous serez entraînés avec les champagnes et le gaillac, vous pourrez comparer les vins suivants, issus de la production mondiale, en respectant les étapes de la dégustation.

• **En Espagne**, comparez diverses cuvées de cava catalan, en les choisissant de différents dosages.

• **En Italie**, la comparaison s'impose entre un Asti spumante ou un moscato d'Asti (Piémont), marqué par les arômes muscatés, et un Franciacorta (produit en Lombardie dans la province de Brescia), de style plus classique avec des notes de chardonnay.

• **En Allemagne**, comparez différents types de sekt.

• **En Californie**, réalisez le même exercice en choisissant les vins effervescents produits par les maisons françaises installées sur place (aucun vin gaillacois n'a encore franchi l'Atlantique).

• **Le gaillac mousseux.** Bien avant que dom Pérignon ne codifie la méthode champenoise, on appréciait déjà les bulles dans quelques régions de France. Que ce soit à Die avec sa clairette célèbre depuis le Moyen Âge, à Limoux avec la blanquette ancestrale ou à Gaillac, les vins mousseux pétillaient dans les verres. Le gaillac mousseux est issu principalement du mauzac. Il est élaboré selon la méthode ancestrale (dite aussi gaillacoise) : le gaz carbonique présent dans la bouteille est le résultat d'une seule fermentation. Cette pratique est née de l'observation des anciens vignerons. Lorsque le vin fermentait en fin de saison, les premiers froids pouvaient ralentir le processus et même l'arrêter. Si le vin était mis en bouteilles à ce moment, les premières douceurs printanières réveillaient les levures et le vin reprenait sa fermentation. Emprisonné, le gaz carbonique produisait alors de la mousse, mais il restait toujours un peu de sucre naturel du raisin non fermenté. Très irrégulière, cette méthode donnait aussi bien des bouteilles peu mousseuses que des flacons explosifs. Réussie, elle créait et crée encore aujourd'hui de petites merveilles. À présent, l'arrêt de la fermentation est obtenu en éliminant les levures du vin par filtrations successives. Il est rare de produire des vins totalement bruts par cette méthode.

Les vins effervescents

À l'œil

	Champagne blanc de blancs	Champagne d'assemblage	Gaillac méthode gaillacoise
Mousse	Abondante.	Abondante.	Bulle grosse et persistante.
Teinte	Paille clair, avec une composante jaune.	Paille doré soutenu.	Doré.

Au nez

Premier nez	Léger, sur un registre floral.	Fruits rouges et brioche.	Sur le fruit nature.
Deuxième nez	Fleurs, fruits à chair blanche (pêche), agrumes (pamplemousse), tilleul, verveine, parfois feuille de thé, iris, herbe fraîche. S'ajoute à cette palette la série aromatique issue de la seconde fermentation : mie de pain, brioche, beurre frais, cake ou pain grillé.	Fruits rouges, noisette, violette, pivoine, réglisse, épices, fruits à noyau. S'ajoute à cette palette la série aromatique issue de la seconde fermentation : mie de pain, brioche, beurre frais, cake ou pain grillé.	Pomme mûre (signature du mauzac), poire William, brioche au four, cake aux fruits confits. La palette aromatique est entièrement orientée vers des notes de pâtisserie, de fruits mûrs avec une notion de naturel. C'est le fruit cueilli sur l'arbre que l'on sent.

En bouche

Attaque	Légère.	Puissante.	Suave.
Milieu de bouche	Très aromatique, d'une structure légère, le blanc de blancs est tout en finesse, en grâce aérienne et en suavité. L'équilibre entre l'acidité, un peu citronnée, et le moelleux laisse toujours une sensation rafraîchissante qui donne au vin du nerf.	Vineux, avec des accents corsés, le champagne d'assemblage est plus sensuel que charmeur. Son équilibre est enrichi par les tanins. La sensation de plénitude et de volume s'en trouve renforcée.	La suavité naturelle du mauzac, cépage peu acide, ses arômes de bouche qui renforcent encore la sensation fruitée, le sucre résiduel naturel qui ne provient que du raisin font du gaillac mousseux une véritable gourmandise, sans prétention à la grandeur, certes, mais avec l'ambition de donner du plaisir.
Finale	Élégante, tout en finesse.	Plus puissante et plus longue.	Sur le fruit naturel ; longueur modeste.

DIRE

Les mots du vin

Il importe que les mots du vin fassent écho à une réalité connue de tous et qu'ils puissent être partagés : une perception doit être traduite par un terme précis, usité par l'ensemble des dégustateurs. Néanmoins, chaque dégustateur est libre d'enrichir son vocabulaire et d'attribuer à ses écrits un style personnel.

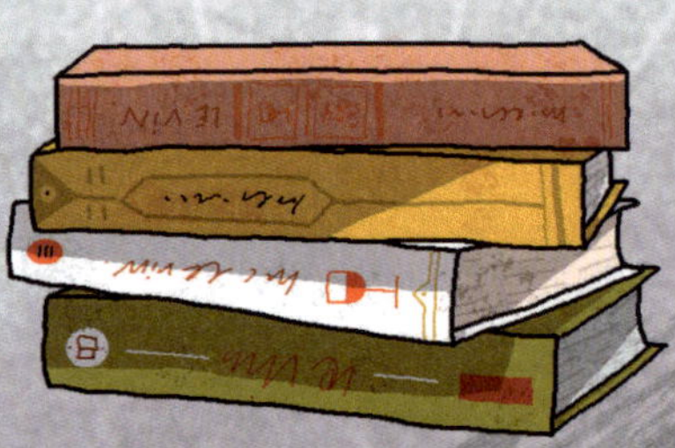

Les mots du vin

L'analogie

Le dégustateur traduit ce qu'il ressent en recherchant des modèles de comparaison dans son environnement. Il procède par analogie, c'est-à-dire par association d'une sensation à une réalité matérielle, vérifiable par son interlocuteur.
Par exemple, lorsque l'on dit qu'un vin est rond, le mot rond ne relève pas du champ sémantique du goût. Il a été emprunté à la terminologie de la géométrie. Les références à la forme, à l'ossature, à l'architecture ou au corps humain sont courantes pour rendre compte de la matière du vin. Même la description aromatique fait appel à des analogies. Lorsqu'il dit qu'un vin dévoile un arôme de rose, le dégustateur compare une des composantes du nez du vin à son souvenir de l'odeur de rose.

Un vocabulaire adapté au vin dégusté

La règle est simple : à vin modeste, commentaire court et sans fioritures ; à vin complexe, commentaire détaillé jusqu'à une description complète et à la définition du style. Le commentaire doit donc être à la hauteur du vin, mais il peut arriver qu'un très grand vin se refuse à toute analyse sémantique. Le commentaire devient alors laconique et se résume à quelques mots : grand, parfait, indescriptible !

Peut-on se passer de vocabulaire ?

Une dégustation technique peut se réduire à un exercice de positionnement de chaque sensation sur un axe. Si l'on veut noter l'acidité d'un vin, il suffira de procéder à une cotation, de 1 à 10 par exemple, sur l'axe acide. Le vin sera noté A6. De même pour l'axe tannique, T4, ou l'axe moelleux, M2. On peut appliquer cette méthode à tous les éléments du vin et résumer un commentaire par une série de notations. Tel un simple bulletin d'analyse chimique, un vocabulaire ainsi réduit à quelques termes codifiés ne permet pas de distinguer un bon vin d'un grand cru. Seuls les mots, dans leur diversité, en sont capables.

Les mots du vin

L'ŒIL

Brillance

Un vin peut être mat, terne, net, lumineux, éclatant, brillant, étincelant, chatoyant.

Frange

Nuance de couleur perceptible sur le bord du verre, qui se distingue plus ou moins distinctement de la teinte principale. La couleur de la frange permet de définir la phase d'évolution du vin, une nuance doré intense pour un vin blanc, ou acajou pour un vin rouge indiquant un début de maturation.

Intensité Colorante

Un vin peut être incolore, pâle, clair, foncé, soutenu, profond, dense, intense.

Limpidité

On note la limpidité du vin par les adjectifs : bourbeux (pour un vin qui vient d'être fraîchement décuvé), opaque, trouble, voilé, flou, laiteux,

opalescent, transparent, limpide, cristallin. Un vin trouble ne se goûte jamais bien ; il paraît rustique et rugueux, sans aucune finesse.

Teinte

La teinte d'un vin est généralement définie par analogie. Analogies avec des fleurs (rose, pivoine), des fruits (groseille, cerise, cassis), des pierres précieuses (grenat, rubis). Ces analogies ne peuvent être que très générales : il existe une infinité de variétés de cerise et un bijoutier peut proposer des grenats de teintes très diverses.

• Les vins blancs déclinent une gamme allant de jaune pâle à bouillon de châtaigne (teinte peu souhaitable !), en passant par jaune vert, jaune citron (vins jeunes), jaune paille, jaune doré, bouton doré, bouton d'or, topaze, vieil or (vins vieux ou liquoreux), miel, roux, fauve, cuivré, ambré, brun, acajou (vins très vieux, cassés ou oxydés).

• Les vins rosés vont du gris pâle au brun, en passant par rose-violet, pivoine, cerise, framboise, vieux rose, fraise, rose orangé, abricot, orangé, saumon, brique, pelure d'oignon.

• Les vins rouges vont de bleuté à brun, en passant par violacé, grenat, pourpre, rubis (vins jeunes), vermillon, cerise (vins matures), orangé, fauve, tuilé, acajou (vins vieux), brique, roux (vins très vieux). Un vin peut être rubis à frange orangée.

Viscosité

La viscosité est perceptible lors du versement du vin dans le verre : le vin peut être fluide, coulant, épais, gras, glycériné ou visqueux. Il présente des larmes plus ou moins abondantes.

LE NEZ

Arômes

On distingue trois types d'arômes : les arômes primaires ou variétaux (issus du cépage), les arômes secondaires ou fermentaires, les arômes tertiaires, ou bouquet, issus de l'élevage (P. 63). L'identification des nuances aromatiques est l'exercice le plus spectaculaire. On procède par analogie avec toute la gamme de fleurs, fruits, épices et autres substances aromatiques que l'on rencontre dans la nature et que l'on a gardées dans un coin de sa mémoire depuis son enfance : la framboise, la rose ou la vanille par exemple. En revanche, si aucun arôme précis ne vient à l'esprit, on note simplement ses impressions en les regroupant par famille ou série aromatique : série végétale, série florale, série fruitée, série épicée et aromates, série boisée, série balsamique, série empyreumatique, série animale, série confiserie-pâtisserie, série lactée, série chimique. Voir tableau des arômes **(p. 68-69)**.

Des odeurs anormales peuvent apparaître lorsque la vinification, l'élevage ou la conservation du vin ont été mal maîtrisés : terre, iode, chlore, caoutchouc, odeur foxée, acétate d'éthyle (acidité volatile), beurre rance, croupi, éthanol, évent, moisi, géranium, soufre, œufs pourris, plastique, styrène, Celluloïd, lies, bouchon, ferment, tourne, acétamide, souris, yaourt, bière, fromage, légumes, serpillère, papier, toile de jute, etc. Voir les défauts du vin **(p. 96)**.

Franchise

On note ensuite la franchise du nez, c'est-à-dire la netteté, l'absence de défauts. Le nez peut être douteux, altéré, net, franc, sain, sincère, pur.

Harmonie des senteurs

Une notion plus subjective et dont la reconnaissance demande plus d'expérience consiste à noter l'harmonie des senteurs : le vin peut être désagréable à complexe, en passant par commun, simple, fin, séveux, élégant, raffiné, harmonieux et racé.

Intensité aromatique

Suivant la puissance des senteurs qui se dégagent du verre, on qualifie l'intensité de faible, suffisante, moyenne à développée ; le vin peut être neutre, fade, discret, fermé, aromatique, ouvert, expressif, fort ou intense.

Oxydation

Lorsque le caractère oxydé est un défaut et n'entre pas dans le style du produit, le vin est fatigué, battu, aplati, mâché, éventé, oxydé, cuit, brûlé, rance, madérisé. Le rancio ou le goût de jaune font en revanche la typicité des vins jaunes (p. 140).

Réduction

Les arômes propres à la réduction sont toujours négatifs : odeur de renfermé, de réduit, de lies, de bock, de mercaptan, de croupi, odeur alliacée, fétide, putride, décomposée, sulfurée, notes d'œuf couvé, d'eau de Barèges.

Persistance aromatique

Durée pendant laquelle les arômes se libèrent du verre de vin et sont aisément reconnaissables par le dégustateur. (Voir aussi finale en bouche.) Chimiquement, les arômes du vin proviennent de molécules plus ou moins volatiles. Cette volatilité n'est pas la même selon les composants d'un arôme complexe. Elle augmente avec la température et la surface d'évaporation. Elle est aussi différente selon le poids et la structure des molécules. Les molécules les plus légères s'évaporent en premier. Ce sont elles qui évoquent la notion de fraîcheur dans la palette aromatique d'un vin.

LA BOUCHE

Acidité

Du plus au moins acide, un très grand nombre de vocables s'appliquent. Plat, mou, flasque désignent des vins qui manquent d'acidité. Les termes glissent ensuite vers tendre, frais, nerveux, rafraîchissant, vif, nerveux, vigoureux. Puis, on passe à vert, cru, pointu, maigre, maigrelet, mordant, aigre, dur, acerbe, acéré, agressif, anguleux, coupant, grinçant, piquant, raide, ferme, sec, sévère pour des vins trop acides.

Acidité volatile

L'acidité volatile, qui est un défaut flagrant, sera exprimée par les adjectifs acéteux, acétique, acescent, âcre, aigre, aigrelet, aigri, altéré, ardent, fiévreux, bisaigre, piqué, piquant, vinaigré, montant.

Âge

De sa naissance à la fin de sa vie, le vin peut être qualifié de : jeune, nouveau, jeunet, primeur, fait, prêt, à point, en pleine forme, à son apogée, dépouillé, mâché, rassi, chenu, décrépi, fini, usé, sénile, passé, décharné, desséché, madérisé. (Voir aussi les mots « avenir » et « évolution ».)

Alcool

Le vocabulaire marque une gradation du moins au plus alcoolisé : froid, aqueux, plat, lavé, mouillé, petit, pauvre, faible, léger, équilibré, vineux, chaud, puissant, généreux, corsé, capiteux, fort, spiritueux. Un déséquilibre se traduit par les termes alcoolique, alcoolisé, fortifié, viné, brûlant, qui a du feu.

Amertume

Le vocabulaire est ici assez limité. L'adjectif amer est l'unique qualificatif, mais le dégustateur peut faire référence à des plantes : sauge, gentiane, amande, chicorée, endive. Âpre, goût de bière indiquent une amertume importante.

Attaque

D'entrée de jeu, le vin impose une première impression. Il convient de la qualifier : de fausse, fuyante à franche, nette, ample, aromatique, intense. On pourra appliquer à l'attaque les termes relatifs à la structure.

Corps

C'est la matière même du vin, perceptible en bouche, qui se structure autour d'un axe principal : l'acidité ou les tanins. Selon son équilibre, elle donne un style particulier. Il est commode de procéder par analogie. Le vin peut être comparé à des formes géométriques ou, mieux, à un être humain.

• **Analogies avec des formes géométriques :** on essaie de décrire la forme que prend le vin dans la bouche : plat, aplati, filiforme, creux, anguleux, pointu, tordu, ou bien droit, longiligne, rectiligne, carré, sphérique, rond.

• **Analogies avec le squelette :** il s'agit d'analyser la structure du vin. Celui-ci peut être qualifié de désossé, squelettique, petit, fluet, mince, faible, gringalet, étriqué, ténu. Présente-t-il plus de structure, il devient aérien, léger, svelte, franc, large, structuré, étoffé, soutenu, solide, carré, trapu, corpulent, robuste, charpenté, osseux. Impose-t-il trop de structure, il semblera massif, énorme, grossier. Sur ce squelette est accrochée la chair, la substance du vin : le vin peut être décharné, vide, creux, maigre, grêle, desséché, ou bien tendre, coulant, suave, ample, plein, rond, charnu. Il peut avoir du fond, de la moelle, de la sève, de la matière, être dense, consistant, enveloppé, gras, volumineux, compact. Cette matière se présente avec une certaine fluidité. Le vin peut ainsi être aqueux, léger, coulant, gouleyant, filant, souple, fondant, puis devenir gommé, épais, lourd, huileux, pâteux, visqueux.

Équilibre

En fin de dégustation, on essaie de qualifier dans une note synthétique l'harmonie, l'équilibre, le style d'ensemble du vin. De grossier à rustique, fermé, muet, petit, simplet, dissocié, sévère pour des vins franchement désagréables, le dégustateur s'oriente vers des termes tels que paysan, pastoral, jeune, frais, primeur, friand, franc, droit, ouvert, développé, achevé, épanoui, complet, tonique, viril, vigoureux, mûr, gras, charnu, opulent, rôti, profond, structuré, concentré, qui a du cachet, racé, élégant, grand, en passant par subtil, élégant, séveux, équilibré, harmonieux, complexe, riche, capiteux ou vigoureux pour des vins louables. Les termes sont aussi nombreux que les occasions de déguster.

Finale

Après ingestion du vin (ou rejet lors d'une dégustation stricte), les impressions gustatives continuent à se manifester en bouche ; on qualifie la finale de brève, courte, fugace, abrupte ou bien de développée, rémanente, longue, épanouie. Cette finale peut avoir du retour, de l'allonge, pour finir avec la célèbre queue de paon qui occupe la bouche pendant longtemps. L'expression « queue de paon » ne doit s'appliquer que dans les cas exceptionnels où le nombre de caudalies dépasse douze.
Les grands sauternes, le vin jaune du Jura, le montrachet, en blanc, les plus beaux crus classés de Bordeaux, les grands crus bourguignons et les hermitage, en rouge, peuvent parfois faire la roue dans la bouche.

Gaz carbonique

Tout vin présente une certaine dose de gaz carbonique. Celle-ci peut être si faible qu'elle est imperceptible en bouche : le vin est tranquille. Dès qu'une légère perle apparaît, le vin est perlé, perlant, moustillant, puis devient pétillant, crémant, mousseux, effervescent. Lorsque le gaz carbonique est omniprésent en bouche, le vin est picotant, piquant ou agaçant.

Minéralité

Une notion mise en avant depuis quelques années. La minéralité exprime l'influence du terroir sur la typicité du vin. C'est une combinaison d'arômes de la série minérale, d'une acidité particulière et de saveurs salines induites par les oligoéléments qui ont nourri la vigne. Le respect du sol favorise l'expression de la minéralité.

Salé

Le goût salé est rarement perceptible à la dégustation, sauf dans les xérès finos ou manzanillas. On emploie les adjectifs frais, alcalin, salé, marin et l'expression goût de lessive pour un défaut.

Sucré

On passe de souple, coulant, fondu, tendre, velouté, assoupli, fondant, gouleyant, crémeux, gras, sucré, suave, mûr, miellé, onctueux à douciné, douceâtre, pommadé, sirupeux, mou, flasque ou lourd. Le type de vin, sec, brut, demi-sec, doux, moelleux, liquoreux influence le choix du mot qui pourra être laudatif ou péjoratif. Dans le cas des vinifications spéciales, on utilise les termes de nectar, surmûri, goût de paille, passerillé, botrytisé, mais aussi de aigre-doux, édulcoré.

Tanins

On distingue d'une part la force tannique, d'autre part la qualité des tanins, en particulier la finesse du grain.

• **Force tannique :** creux, informe, sans charpente, amorphe ou, au contraire, charpenté, bien bâti, fondu, solide, savoureux. Trop de tanins et le vin est sec, dur, astringent, rude, agressif, rustique, chargé.

• **Finesse tannique :** à grain fin, fondu, serré, à gros grain, à grain lâche, qui a de la mâche, râpeux, rugueux, grossier. On peut comparer le grain des tanins à celui d'un tissu que l'on frotte entre ses doigts ; il s'agit dans les deux cas d'une sensation tactile : soie, organdi, satin, taffetas, velours, cotonnade, lin, laine, serge, toile de jute.

• **Qualité aromatique des tanins :** végétal, métallique, mûr, savoureux, boisé, vanillé, à goût de marc, à goût de rafle.

L'IMPRESSION GÉNÉRALE

Avenir

Présage des transformations du vin à la garde, à partir de ses caractéristiques actuelles.

Une structure tannique de qualité est ainsi susceptible de s'assouplir après quelques années de vieillissement.

Évolution

État général du vin compte tenu de son âge. L'évolution est identifiable à l'œil, par l'examen de la teinte et de la frange, puis au nez, par la complexité des arômes. Un vin peut connaître une évolution normale par rapport à son type, trop rapide ou lente. Il sera qualifié de jeune, peu évolué, mûr ou évolué. Au point optimal de son épanouissement, il atteindra son apogée. Puis il déclinera et sera alors qualifié de passé.

Typicité

Ensemble des caractères d'un vin qui le rapprochent des autres vins de son appellation. La typicité est liée au terroir de l'appellation (notes minérales par exemple), au cépage (arôme de rose du gewurztraminer, de violette de la syrah), à la vinification (macération semi-carbonique en beaujolais) et à l'élevage (sous bois ou en cuve).

SAVOIR

Quand boire les vins ?

Selon les types de vins et les millésimes, la dégustation peut être à son meilleur à un moment-clef que l'on appelle l'apogée. Vous trouverez ici un tableau par pays, par appellation et par couleur, pour vous guider et vous aider à ouvrir la bonne bouteille au bon moment.

Quand boire les vins ?

VINS	COULEURS	APOGÉE
AFRIQUE DU SUD		
Cabernet-sauvignon	rouge	1-8 ans
Constantia	blanc liquoreux	5-20 ans
Merlot	rouge	1-5 ans
Sémillon	blanc	2-5 ans
ALGÉRIE		
Coteaux de Mascara	rosé/rouge	1-5 ans
ALLEMAGNE		
■ BADEN		
Pinot gris Auslese	blanc	1-5 ans
Pinot noir	rouge/rosé	1-5 ans
Scheurebe Auslese	blanc	1-5 ans
■ FRANKEN		
Pinot gris Kabinett	blanc	1-3 ans
Ruländer Kabinett	blanc	1-3 ans
Silvaner Auslese	blanc liquoreux	1-3 ans
Hessische Bergstrasse		
silvaner Kabinett	blanc	1-2 ans
■ MITTELRHEIN		
Kerner Auslese	blanc	1-3 ans
Silvaner Kabinett	blanc	1-3 ans
■ MOSEL-SAAR-RUWER		
Kerner Kabinett	blanc	1-5 ans
Müller-thurgau Kabinett	blanc	1-5 ans

SAVOIR

Quand boire les vins ?

VINS	COULEURS	APOGÉE
Riesling Auslese	blanc liquoreux	5-15 ans
Riesling trocken Auslese	blanc	5-10 ans
Riesling Kabinett	blanc	1-8 ans
Riesling Spätlese	blanc	1-8 ans
Riesling Beerenauslese	blanc liquoreux	5-20 ans
■ NAHE		
Pinot blanc Spätlese	blanc liquoreux	1-3 ans
Riesling Spätlese trocken	blanc	1-5 ans
Riesling Beerenauslese	blanc liquoreux	5-15 ans
Silvaner Kabinett	blanc	1-3 ans
■ RHEINPFALZ		
Kerner Kabinett	blanc	1-3 ans
Pinot noir	rouge/rosé	1-5 ans
Pinot gris Beerenauslese	blanc	5-10 ans
Riesling Spätlese	blanc	1-8 ans
Riesling trocken Auslese	blanc	5-10 ans
■ RHEINHESSEN		
Müller-thurgau Kabinett	blanc	1-3 ans
Pinot gris Kabinett	blanc	3-8 ans
Pinot gris trocken Auslese	blanc	3-10 ans
Pinot gris Auslese	blanc liquoreux	3-10 ans
Pinot noir	rouge/rosé	1-5 ans
Riesling trocken Auslese	blanc	5-10 ans
■ RHEINGAU		
Riesling Auslese	blanc liquoreux	5-10 ans
Riesling trocken Auslese	blanc	5-10 ans

Quand boire les vins ?

VINS	COULEURS	APOGÉE
Riesling Beerenauslese	blanc liquoreux	3-20 ans
Riesling Eiswein	blanc liquoreux	2-10 ans
Riesling Trokenbeerenauslese	blanc liquoreux	3-20 ans
SAALE-UNSTRUT		
Gewürztraminer Beerenauslese	blanc liquoreux	2-10 ans
SACHSEN		
Müller-thurgau Kabinett	blanc	1-3 ans
WÜRTTEMBERG		
Pinot blanc Kabinett	blanc	1-3 ans
Pinot gris Spätlese	blanc	1-5 ans
Pinot noir	rouge/rosé	1-5 ans
Portugieser	rouge/rosé	1-2 ans
Sekt	blanc effervescent	1-5 ans
ARGENTINE		
Chardonnay	blanc	3-5 ans
Malbec	rouge/rosé	2-8 ans
Merlot	rouge	2-8 ans
Syrah	rosé	1 an
AUSTRALIE		
Chardonnay	blanc	2-5 ans
Cabernet-sauvignon	rouge	1-8 ans

SAVOIR

Quand boire les vins ?

VINS	COULEURS	APOGÉE
Pinot noir		
(Victoria, Yarra Valley)	rouge	1-5 ans
Clare Valley Semillon	rouge	1-5 ans
Barossa Valley Shiraz	rouge	3-10 ans
Coonawarra Shiraz	rouge	3-10 ans
Grange Shiraz	rouge	5-15 ans
Hunter Valley Shiraz	rouge	3-10 ans
AUTRICHE		
Grüner veltiner	blanc	1-3 ans
Kremstal Müller-thurgau		
Auslese	blanc	1-3 ans
Burgenland Pinot	blanc	
Spätlese	blanc	1-3 ans
Neusiedlersee		
Welschriesling	blanc	1-4 ans
Wachau Pinot noir	rouge	1-5 ans
Wachau Riesling spätlese	blanc	3-5 ans
Riesling Auslese	blanc liquoreux	5-15 ans
BULGARIE		
Cabernet-sauvignon	rouge	2-5 ans
Merlot	rouge	2-5 ans

SAVOIR

Quand boire les vins ?

VINS	COULEURS	APOGÉE
Ontario		
Chardonnay	blanc	1-5 ans
Colombie britannique		
Pinot noir	rouge	1-5 ans
Ontario		
Pinot noir	rouge	1-5 ans
Ontario		
Vin de glace	blanc liquoreux	3-10 ans
Québec		
Vin de glace	blanc liquoreux	3-10 ans
CHILI		
Cabernet-sauvignon	rouge	2-8 ans
Chardonnay	blanc	1-5 ans
Malbec	rosé	1-4 ans
Malbec	rouge	3-5 ans
Merlot	rouge	2-6 ans
CHYPRE		
Commandaria solera	blanc liquoreux	5-15 ans
ESPAGNE		
ANDALUCÍA		
Condado de Huelva pálido	blanc muté, élevé en solera	5-10 ans

SAVOIR

Quand boire les vins ?

VINS	COULEURS	APOGÉE
Jerez amontillado	blanc muté, élevé en solera	1 an
Jerez fino	blanc muté, élevé en solera	1 an
Jerez manzanilla	blanc muté, élevé en solera	1 an
Jerez oloroso	blanc muté, élevé en solera	5-15 ans
Málaga lágrima	blanc muté, élevé en solera	5-15 ans
Málaga moscatel	blanc muté, élevé en solera	1 ans
Málaga pedro ximénez	blanc muté, élevé en solera	1 ans
Montilla-Moriles		
fino ou raya	blanc	5-10 ans
ARAGÓN		
– RIOJA		
– PAÍS VASCO		
Calatayud	rouge	1-5 ans
Campo de Borja joven	rouge	1-3 ans
Cariñena crianza	rouge	1-5 ans
Cariñena joven	rouge	1-3 ans
Navarra	blanc	1-3 ans
Navarra	rosé	1-2 ans
Navarra	rouge	2-5 ans
Rioja	blanc	1-3 ans
Rioja	rosé	1-2 ans
Rioja	rouge	2-20 ans
Somontano	rouge	2-8 ans
Txakolí	blanc	1 an
CATALUNA		
Alella	blanc	1-2 ans
Ampurdán-Costa Brava	blanc/rosé	1-2 ans
Cava joven crianza	blanc effervescent	1 an

Quand boire les vins ?

VINS	COULEURS	APOGÉE
Cava reserva	blanc effervescent	2 ans
Conca de Barberà	blanc	1-3 ans
Costers del Segre	blanc	1-2 ans
Costers del Segre merlot	rouge	2-8 ans
Penedés	blanc	1-5 ans
Penedés	rouge	3-10 ans
Priorato	rouge	3-15 ans
Priorato generoso	rouge	5 ans
Tarragona	rouge/rosé	1-5 ans
Terra Alta	rosé	1-2 ans
■ CASTILLA-LEÓN		
Cigales	rouge	1-5 ans
El Bierzo	blanc	1-2 ans
Ribera del Duero	rouge	2-5 ans
Rueda	blanc	1-2 ans
Toro	rouge	2-8 ans
Toro joven	rouge	1-2 ans
■ CASTILLA-LA MANCHA		
La Mancha	rouge	1-4 ans
Méntrida	rouge	1-5 ans
Valdepeñas	rouge	1-4 ans
Vinos de Madrid	blanc	1-2 ans
■ GALICIA		
Rías Baixas	blanc	1-3 ans
Ribeiro	blanc	1-3 ans
Valdeorras	blanc	1-3 ans
■ BALÉARES – CANARIAS		

Quand boire les vins ?

VINS	COULEURS	APOGÉE
Binissalem	blanc	1-2 ans
Lanzarote	blanc	1-3 ans
La Palma	blanc	1-3 ans
LEVANTE		
Alicante	blanc liquoreux	1-5 ans
Bullas	rouge	1-5 ans
Jumilla	rouge	1-5 ans
Utiel-Requena reserva	rouge	5-10 ans
Valencia	rosé/rouge	1-5 ans
Yecla	blanc	1-3 ans
Yecla ou Almansa	rouge	2-8 ans
ÉTATS-UNIS		
Barbera de Californie	blanc	1-2 ans
Cabernet-sauvignon de Californie - Central Valley ou Napa Valley	rouge	2-15 ans
Cabernet-sauvignon de Santacruz ou de Stag Leaps	rouge	2-15 ans
Chardonnay de Californie - Carneros et Monterey	blanc	1-5 ans
Chardonnay de la Russian Valley, de San Luis Obispo		

Quand boire les vins ?

VINS	COULEURS	APOGÉE
ou de Sonoma	blanc	1-5 ans
Chenin blanc de Californie	blanc	1-5 ans
Cream scherry de Californie	blanc liquoreux	1 an
Effervescents demi-secs des Finger Lakes,	effervescents rosés	1 an
de Mendocino - Californie	blanc effervescent	1-2 ans
French colombard de Californie	blanc	1-2 ans
Gamay de Californie	rouge	1-2 ans
Late harvest gewurztraminer des Finger Lakes	blanc liquoreux	1-8 ans
Grenache noir de Californie - Monterey	rouge	1-5 ans
Icewine du lac Érié, Maryland	blanc liquoreux	1-8 ans
Johannisberg riesling de l'État de Washington	blanc	1-3 ans
Merlot de Californie	rouge	1-6 ans
Merlot de l'État de Washington	rouge	1-5 ans
Merlot de Long Island	rouge	1-5 ans
Mourvèdre de Californie - Monterey	rouge	2-8 ans

SAVOIR

Quand boire les vins ?

VINS	COULEURS	APOGÉE
Petite syrah de Californie	rouge	1-3 ans
Pinot blanc de Californie	blanc	1-2 ans
Pinot noir de Californie - Carneros ou Mendocino	rouge	1-5 ans
Pinot noir de l'Oregon, pinot noir de l'État de Washington	rouge	1-5 ans
Pinot noir de la Russian Valley	rouge	1-5 ans
Late harvest riesling de Californie	blanc liquoreux	1-8 ans
Sangiovese de Californie	rouge	1-5 ans
Sauvignon blanc de Californie, de Sonoma ou de Lake County	blanc	1-3 ans
Sweet muscat de Californie	blanc liquoreux	1 an
Xérès californien	blanc liquoreux	1 an
Zinfandel de Californie - Sonoma, Lake County, Mendocino, Santa Cruz Mountains	rouge	1-8 ans

SAVOIR

Quand boire les vins ?

VINS	COULEURS	APOGÉE
FRANCE		
Champagne brut		
sans année	blanc	1-2 ans
Champagne millésimé	blanc	2-3 ans
Alsace	blanc	1 an
Alsace grand cru	blanc	1-4 ans
Alsace		
vendanges tardives	blanc liquoreux	8-12 ans
Jura	blanc	4 ans
Jura	rouge	8 ans
Jura	rosé	6 ans
Jura vin jaune	blanc	20 ans
Savoie	blanc	1-2 ans
Savoie	rouge	2-4 ans
Bourgogne	blanc	5 ans
Bourgogne	rouge	7 ans
Grands bourgognes	blanc	8-10 ans
Grands bourgognes	rouge	10-15 ans
Mâcon	blanc	2-3 ans
Mâcon	rouge	1-2 ans
Beaujolais	rouge	1 an
Crus du Beaujolais	rouge	1-4 ans
Vallée du Rhône Nord	blanc	2-3 ans
Vallée du Rhône Nord	rouge	4-5 ans
Condrieu, hermitage, etc.	blanc	2-8 ans
Côte-rôtie, hermitage, etc.	rouge	8-20 ans
Vallée du Rhône Sud	blanc	2 ans
Vallée du Rhône Sud	rouge	4-8 ans

Quand boire les vins ?

VINS	COULEURS	APOGÉE
Vallée de la Loire	blanc	1-5 ans
Vallée de la Loire	rouge	3-10 ans
Vallée de la Loire	blanc moelleux et liquoreux	10-15 ans
Sud-Ouest	blanc	2-3 ans
Sud-Ouest	rouge	3-10 ans
Sud-Ouest	blanc liquoreux	6-8 ans
Jurançon sec	blanc	2-4 ans
Jurançon	blanc moelleux et liquoreux	6-10 ans
Madiran	rouge	5-12 ans
Cahors	rouge	3-10 ans
Gaillac	blanc	1-3 ans
Gaillac	rouge	2-4 ans
Bordeaux	blanc	2-3 ans
Bordeaux	rouge	6-8 ans
Grands bordeaux	blanc	4-10 ans
Grands bordeaux	rouge	10-25 ans
Bordeaux	blanc liquoreux	10-30 ans
Languedoc	blanc	1-2 ans
Languedoc	rouge	2-8 ans
Provence	blanc	1-2 ans
Provence	rouge	2-8 ans
Corse	blanc	1-2 ans
Corse	rouge	2-4 ans
GRÈCE		
Archanès Crète	rouge	5 ans

Quand boire les vins ?

VINS	COULEURS	APOGÉE
Côtes de Meliton	blanc	1-2 ans
Côtes de Meliton	rouge	2-8 ans
Gourmenissa	rouge	2-5 ans
Mantinia	blanc	1-2 ans
Metaxa	blanc	1-2 ans
Muscat de Lemnos	blanc liquoreux	1-8 ans
Muscat de Mavrodaphné	blanc liquoreux	1-8 ans
Muscat de Samos	blanc liquoreux	1-8 ans
Naoussa	rouge	2-8 ans
Nemea	rouge	2-8 ans
Patras	rosé	1 an
Rapsail	rouge	2-5 ans
Robola de Céphalonie	blanc	1-3 ans
Vin de paille de Santorin	blanc liquoreux	1-8 ans
HONGRIE		
Furmint	blanc	1-5 ans
Merlot du lac Balaton	rouge	1-5 ans
Tokaj 3, 5, 6 puttonyos	blanc liquoreux	5-10 ans
ITALIE		
ALTO ADIGE		
Chardonnay	blanc	1-5 ans
Merlot	rouge	1-5 ans
Pinot noir	rouge	1-5 ans

SAVOIR

Quand boire les vins ?

VINS	COULEURS	APOGÉE
sylvaner	blanc	1-2 ans
Traminer	blanc	1-2 ans
■ ABRUZZO		
Montepulciano d'Abruzzo	rouge	1-5 ans
Trebbiano d'Abruzzo	rouge	1-3 ans
■ CAMPANIA		
Greco di Tufo	blanc	1-2 ans
Taurasi	rouge	5-10 ans
■ EMILIA ROMAGNA		
Albana di Romagna	blanc	1-2 ans
Albana di Romagna passito	blanc liquoreux	1-5 ans
Sangiovese di Romagna	rouge	2-5 ans
■ FRIULI – VENEZIA – GIULIA		
Colli Orientali del Friuli sauvignon	blanc	1-2 ans
Friuli pinot blanc	blanc	1-2 ans
Grave del Friuli	blanc	1-2 ans
Picolit Colli Oriental del Friuli	blanc liquoreux	1-5 ans
■ LAZIO		
Est! Est! Est!	blanc	1-2 ans
Frascati	blanc	1-2 ans
Orvieto	blanc	1-3 ans

SAVOIR

Quand boire les vins ?

VINS	COULEURS	APOGÉE
■ LIGURIA		
Cinqueterre	blanc	1-2 ans
■ LOMBARDIA		
Franciacorta	rouge/blanc	1-5 ans
Lambrusco	rouge	1 an
Oltrepo Pavese rouge	rouge	1-3 ans
■ MARCHE		
Verdicchio		
di Castelledi di Jesi	rouge	2-8 ans
■ MOLISE		
Biferno	rosé	1 an
■ PIEMONTE		
Barbaresco	rouge	5-15 ans
Barbera d'Alba	rouge	3-8 ans
Barolo	rouge	5-15 ans
Dolcetto d'Alba	rouge	1-2 ans
Moscato d'Asti	blanc effervescent	1 ans
Nebbiolo d'Alba	rouge	1-5 ans
Roero Arneis	blanc	1-2 ans
■ PUGLIA		
Aleatico		
di Puglia licoroso	blanc liquoreux	2-8 ans
Castel del Monte	rosé	1 an
■ SICILIA		
Alcamo di Sicilia	rouge	1-5 ans
Etna sec	rouge	1-2 ans
Malvasia di Lipari	blanc liquoreux	1-10 ans
Marsala dolce	blanc liquoreux	2-10 ans

SAVOIR

Quand boire les vins ?

VINS	COULEURS	APOGÉE
TOSCANA		
Brunello di Montalcino	rouge	5-15 ans
Carmignano rosso	rouge	1-5 ans
Chianti classico	rouge	3-10 ans
Rosso di Montalcino	rouge	2-5 ans
Vino nobile di Montepulciano	rouge	2-10 ans
Vin santo de Toscane, Ombrie	blanc liquoreux	1-8 ans
TRENTINO		
Caldaro	rouge	1-2 ans
Trentino riesling	blanc	1-5 ans
UMBRIA		
Torgiano rosso	rouge	1-5 ans
VENETO		
Amarone della Valpolicella	rouge	2-8 ans
Bardolino	rouge	1-2 ans
Breganze sec	blanc	1-2 ans
Recioto della Valpolicella, Soave	rouge	2-10 ans
Soave	blanc	1-4 ans
Valpolicella	rouge	1-4 ans
VINO DA TAVOLA		
Cabernet-sauvignon	rouge	2-8 ans
Chardonnay	blanc	1-5 ans
Merlot	rouge	1-5 ans
Ombrie, Toscane	rouge	2-8 ans

Quand boire les vins ?

VINS	COULEURS	APOGÉE
LIBAN		
Bekaa	rouge	2-8 ans
Kefraya lacrima d'oro	blanc liquoreux	1-8 ans
MAROC		
Beni M'Tir	rouge	6 ans
Beni Snassen	rouge	3 ans
Guerrouane	rouge	2-4 ans
Guerrouane	rosé	1 an
Koudiat	rosé	1 an
Boulaouane	rosé	1 an
NOUVELLE- ZÉLANDE		
Cabernet-sauvignon	rouge	5-10 ans
Chardonnay	blanc	1-5 ans
Chenin blanc	blanc	1-3 ans
Muscat sec	blanc	1 an
Pinot noir	noir	1-5 ans
Sauvignon	blanc	1-2 ans
Sémillon	blanc	2-8 ans
PORTUGAL		
Bairrada	blanc	1 an
Dão	rosé	1 an
Dão	rouge	1-5 ans

SAVOIR

Quand boire les vins ?

VINS	COULEURS	APOGÉE
Douro	rouge	2-8 ans
Madère boal, malmsey, malvasia, sercial, verdelho	vin de liqueur	15-100 ans
Minho	blanc	1 an
Porto LBV	vin de liqueur	5-30 ans
Porto tawny	blanc liquoreux	5-30 ans
Porto Vintage	blanc liquoreux	5-50 ans
Vinho verde	blanc	1 an
ROUMANIE		
Cotnari	blanc liquoreux	5-15 ans
Feteasca alba	blanc	1-2 ans
Pinot noir	rouge	1-5 ans
SUISSE		
Genève aligoté	blanc	1 an
Genève chardonnay	blanc	1-4 ans
Genève gamay	rouge	1-2 ans
Genève pinot blanc	blanc	1-2 ans
Neuchâtel Auvernier	blanc	1-2 ans
Neuchâtel œil-de-perdix	rosé	1-2 ans
Neuchâtel, Genève, Zurich pinot noir	rouge	1-4 ans
Ticino merlot	rouge	1-5 ans
Valais amigne de Vétroz	blanc liquoreux	2-10 ans

Quand boire les vins ?

VINS	COULEURS	APOGÉE
Valais arvine	blanc	1-4 ans
Valais dôle	rouge	1-4 ans
Valais fendant de Sion	blanc	1-2 ans
Valais humagne	rouge	1-3 ans
Valais malvoisie	blanc	1-2 ans
Valais muscat sec	blanc	1-2 ans
Valais petite arvine	blanc liquoreux	5-15 ans
Valais pinot blanc	blanc	2 ans
Vaud Dézaley	blanc	1-2 ans
Vaud Épesses chasselas	blanc	1-2 ans
Vaud Féchy	blanc	2-4 ans
Vaud pinot blanc	blanc	1 an
Vaud Yvorne	blanc	1-2 ans
TUNISIE		
Coteaux de Carthage	rosé/rouge	1-4 ans
Coteaux de Tebourba	rosé	1 an
Muscat sec de Kelibia	blanc	1 an
Thibar	rosé	1 an
URUGUAY		
Tannat	rouge	2-10 ans

INDEX

N-O

P

Q-R

S

T

V-Z

Fiche de dégustation

Nom du vin ....

Appellation ....

Millésime analysé ....

- Vin tranquille blanc
- Vin blanc doux
- Vin tranquille rosé
- Vin tranquille rouge
- Vin effervescent blanc
- Vin effervescent rosé
- Vin effervescent rouge

Œil :

Mousse (effervescent) ....

Robe (couleur, reflet, intensité, limpidité) ....

....

Nez :

(intensité, qualité, nuances odorantes) ....

....

....

Bouche :

(première impression, équilibre, dominantes, arômes, intensité et nuances, longueur, finale) ....

....

....

Remarques personnelles / Harmonie générale : ....

....

....

Accords gourmands : ....

....

Fiche de dégustation

Nom du vin ....

Appellation ....

Millésime analysé ....

- Vin tranquille blanc
- Vin blanc doux
- Vin tranquille rosé
- Vin tranquille rouge
- Vin effervescent blanc
- Vin effervescent rosé
- Vin effervescent rouge

Œil :

Mousse (effervescent) ....

Robe (couleur, reflet, intensité, limpidité) ....

....

Nez :

(intensité, qualité, nuances odorantes) ....

....

....

Bouche :

(première impression, équilibre, dominantes, arômes, intensité et nuances, longueur, finale) ....

....

....

Remarques personnelles / Harmonie générale : ....

....

....

Accords gourmands : ....

....

Fiche de dégustation

Nom du vin ....

Appellation ....

Millésime analysé ....

- Vin tranquille blanc
- Vin blanc doux
- Vin tranquille rosé
- Vin tranquille rouge
- Vin effervescent blanc
- Vin effervescent rosé
- Vin effervescent rouge

Œil :

Mousse (effervescent) ....

Robe (couleur, reflet, intensité, limpidité) ....

....

Nez :

(intensité, qualité, nuances odorantes) ....

....

....

Bouche :

(première impression, équilibre, dominantes, arômes, intensité et nuances, longueur, finale) ....

....

....

Remarques personnelles / Harmonie générale : ....

....

....

Accords gourmands : ....

....

Fiche de dégustation

Nom du vin ....

Appellation ....

Millésime analysé ....

- Vin tranquille blanc
- Vin blanc doux
- Vin tranquille rosé
- Vin tranquille rouge
- Vin effervescent blanc
- Vin effervescent rosé
- Vin effervescent rouge

Œil :

Mousse (effervescent) ....

Robe (couleur, reflet, intensité, limpidité) ....

....

Nez :

(intensité, qualité, nuances odorantes) ....

....

....

Bouche :

(première impression, équilibre, dominantes, arômes, intensité et nuances, longueur, finale) ....

....

....

Remarques personnelles / Harmonie générale : ....

....

....

Accords gourmands : ....

....

Fiche de dégustation

Nom du vin ....

Appellation ....

Millésime analysé ....

- Vin tranquille blanc
- Vin blanc doux
- Vin tranquille rosé
- Vin tranquille rouge
- Vin effervescent blanc
- Vin effervescent rosé
- Vin effervescent rouge

Œil :

Mousse (effervescent) ....

Robe (couleur, reflet, intensité, limpidité) ....

....

Nez :

(intensité, qualité, nuances odorantes) ....

....

....

Bouche :

(première impression, équilibre, dominantes, arômes, intensité et nuances, longueur, finale) ....

....

....

Remarques personnelles / Harmonie générale : ....

....

....

Accords gourmands : ....

....

Fiche de dégustation

Nom du vin ....

Appellation ....

Millésime analysé ....

- Vin tranquille blanc
- Vin blanc doux
- Vin tranquille rosé
- Vin tranquille rouge
- Vin effervescent blanc
- Vin effervescent rosé
- Vin effervescent rouge

Œil :

Mousse (effervescent) ....

Robe (couleur, reflet, intensité, limpidité) ....

....

Nez :

(intensité, qualité, nuances odorantes) ....

....

....

Bouche :

(première impression, équilibre, dominantes, arômes, intensité et nuances, longueur, finale) ....

....

....

Remarques personnelles / Harmonie générale : ....

....

....

Accords gourmands : ....

....

Fiche de dégustation

Nom du vin ....

Appellation ....

Millésime analysé ....

- Vin tranquille blanc
- Vin blanc doux
- Vin tranquille rosé
- Vin tranquille rouge
- Vin effervescent blanc
- Vin effervescent rosé
- Vin effervescent rouge

Œil :

Mousse (effervescent) ....

Robe (couleur, reflet, intensité, limpidité) ....

....

Nez :

(intensité, qualité, nuances odorantes) ....

....

....

Bouche :

(première impression, équilibre, dominantes, arômes, intensité et nuances, longueur, finale) ....

....

....

Remarques personnelles / Harmonie générale : ....

....

....

Accords gourmands : ....

....

Fiche de dégustation

Nom du vin ....

Appellation ....

Millésime analysé ....

- Vin tranquille blanc
- Vin blanc doux
- Vin tranquille rosé
- Vin tranquille rouge
- Vin effervescent blanc
- Vin effervescent rosé
- Vin effervescent rouge

Œil :

Mousse (effervescent) ....

Robe (couleur, reflet, intensité, limpidité) ....

....

Nez :

(intensité, qualité, nuances odorantes) ....

....

....

Bouche :

(première impression, équilibre, dominantes, arômes, intensité et nuances, longueur, finale) ....

....

....

Remarques personnelles / Harmonie générale : ....

....

....

Accords gourmands : ....

....

Les bouteilles, étiquettes et propriétés viticoles
mentionnées ne sont pas publicitaires
et répondent au seul choix de l'éditeur.

Direction Hachette Pratique
Catherine Saunier-Talec

Direction
Stéphane Rosa

Responsable d'édition
Juliette de Lavaur

Responsable graphique
Antoine Béon

Conception graphique
Nicole Dassonville

Réalisation
Julien Bouquet

Suivi éditorial
Séverine Corson-Schneider, Christine Cuperly

Fabrication
Isabelle Simon-Bourg

L'éditeur remercie Victoire Hermont
pour son aide précieuse et ses conseils avisés.

Achevé d'imprimer en août 2014
Imprimé en Espagne
par Industria Grafica Cayfosa
Dépôt légal : septembre 2014
ISBN 978-2-01-231489-4
51-3335-9 / 01

PAPIER À BASE DE FIBRES CERTIFIÉES

hachette PRATIQUE s'engage pour l'environnement en réduisant l'empreinte carbone de ses livres. Celle de cet exemplaire est de :
2 Kg 400 éq. CO_2
Rendez-vous sur www.hachette-durable.fr